项目资助：
国家社科基金一般项目(19FJYB043)
福建省教育厅中青年教师教育科研项目(JAS21182)
福建江夏学院校级科研项目 (JXS2021018)

海上丝绸之路经济带

绿色物流效率研究

陈宾◎著

中国出版集团 | 全国百佳图书
中国民主法制出版社 | 出版单位

图书在版编目（CIP）数据

海上丝绸之路经济带绿色物流效率研究 / 陈宾著 .
—北京：中国民主法制出版社，2023.5
ISBN 978-7-5162-3205-7

Ⅰ．①海… Ⅱ．①陈… Ⅲ．①海上运输—丝绸之路—
经济带—物流管理—无污染技术—研究—中国 Ⅳ．
① F259.22

中国国家版本馆 CIP 数据核字（2023）第 066167 号

图书出品人：刘海涛
出版统筹：石　松
责任编辑：刘险涛

书　　名／海上丝绸之路经济带绿色物流效率研究
作　　者／陈宾　著

出版·发行／中国民主法制出版社
地址／北京市丰台区右安门外玉林里 7 号（100069）
电话／（010）63055259（总编室）　63058068　63057714（营销中心）
传真／（010）63055259
http：//www.npcpub.com
E-mail：mzfz@npcpub.com
经销／新华书店
开本／16 开　710 毫米 × 1000 毫米
印张／14　字数／200 千字
版本／2023 年 5 月第 1 版　　2023 年 5 月第 1 次印刷
印刷／三河市富华印刷包装有限公司

书号／ISBN 978-7-5162-3205-7
定价／70.00 元
出版声明／版权所有，侵权必究。

前　言

　　发展绿色物流就是在保证物流服务满足社会经济活动的前提下，通过整合物流资源，创新物流技术，合理规划和实施物流活动，降低物流对环境的影响，实现物流的可持续发展。实现物流业的低碳化发展对于降低物流企业成本、提高效率，提升行业的竞争力具有十分重要的意义。在《快递业发展"十三五"规划》中，国家邮政局将绿色物流定为未来物流行业发展的主基调。2017 年，中国国务院总理李克强在政府工作报告中指出，要加强建设生态文明、绿色发展，大力开展包括物流行业在内的重点行业污染治理专项行动。2019 年，政府发改委出台的《关于推动物流高质量发展促进形成强大国内市场的意见》报告中提出，要进一步推进清洁能源和绿色包装的推广，鼓励企业使用低碳环保配送车辆，加快我国绿色物流的发展。可见，物流业的绿色可持续发展早已成为中国政府下一步的工作重点。

　　由于海上丝绸之路五省（市）都属于我国沿海省份，经济区位优势明显，经济发展较好，交通基础设施完善，都拥有得天独厚的港口物流体系，是推动 21 世纪海上丝绸之路重点方向的核心力量，也是推动绿色低碳物流体系融合，共建绿色丝绸之路的基石。为了客观了解海上丝绸之路经济带（南向）五省（市）的绿色物流发展水平，本书选取海上丝绸之路经济带（南向）五省（市）为研究对象，系统分析其绿色物流发展现状，在此基础上围绕物流业、新型城镇化、生态环境三大系统运用熵权法、耦合协调模型及探索性空间数据分析方法对海上丝绸之路经济带耦合协调性的时空演变规律进行实证分析，并对其物流业绿色物流效率进行客观评估，从而得出五个省（市）物流业绿色发展水平，进而通过物流业绿色物流效率的数据，构建空间计量模型来研究海上丝绸之路经济带绿色物流效率的影响因素，并针对以上分析提出具体提升绿色物流效率的典型案例，希望对五省（市）与海上丝绸之路沿线国家进行绿色物流合作提供一定的指导作用。

本书在编写过程中，参阅了大量专家学者的有关著作、论文，引用了其中的相关概念和观点，且通过互联网学习并借鉴了相关报道资料，在此表示衷心的感谢！

由于笔者学术水平和实践有限，书中难免会有疏漏之处，敬请广大读者批评指正。

目　录

第一章 绪论

第一节 研究背景和意义

一、研究背景

由于全球气候变暖及环境污染加剧,各国普遍重视起绿色低碳理念。中国作为世界上最大的二氧化碳排放国,在 2020 年召开的十九届五中全会上更是提出了碳排放要在 2035 年达到峰值后稳中有降的目标。物流业贯穿于社会经济活动的各个领域,其快速发展的同时也消耗了大量的能源,特别是成品油的消耗,使其成了中国二氧化碳排放的主要来源之一,占全国碳排放总量的 18.9%,是中国碳减排的重点行业。

发展绿色物流就是在保证物流服务满足社会经济活动的前提下,通过整合物流资源,创新物流技术,合理规划和实施物流活动,降低物流对环境的影响,实现物流的可持续发展。实现物流业的低碳化发展对于降低物流企业成本、提高效率,提升行业的竞争力具有十分重要的意义。在《快递业发展"十三五"规划》中,国家邮政局将绿色物流定为未来物流行业发展的主基调。2017 年,中国国务院总理李克强在政府工作报告中指出,要加强建设生态文明、绿色发展，大力开展包括物流行业在内的重点行业污染治理专项行动。2019 年，政府发改委出台的《关于推动物流高质量发展促进形成强大国内市场的意见》报告中提出，要进一步推进清洁能源和绿色包装的推广，鼓励企业使用低碳环保配送车辆，加快我国绿色物流的发展。可见，物流业的绿色可持续发展早已成为中国政府下一步的工作重点。

根据 2015 年《推动共建丝绸之路经济带和 21 世纪海上丝绸之路的愿景与行动》，"一带"是指丝绸之路经济带；"一路"是指海上丝绸之路。"一带一路"沿线 17 个研究区（省市）可划分为 5 大区域，其中，海上丝绸之路沿海地区主要包括福建省、广东省、浙江省、上海市、海南省，我们把海上丝绸之路沿海五省（市）称为海上丝绸之路经济带（南向）。由于海上丝绸之路五省（市）都属于我国沿海地区，经济区位优势明显，经济发展较好，交通基础设施完善，都拥有得天独厚的港口物流体系，是推动 21 世纪海上丝绸之路重点方向的核心力量，也是推动绿色低碳物流体系融合，共建绿色丝绸之路的基石。

二、研究意义

基于以上背景，本书提出围绕"海上丝绸之路经济带绿色物流效率研究"这一选题展开研究。对物流业的绿色发展水平做出客观评价和测度，希望有助于政府把握绿色物流的发展轨迹，从而更好地对物流业进行产业规划，促进物流业绿色、健康、可持续发展。因此，建立一套行之有效的绿色物流效率评价体系是十分有必要的。

本书主要围绕两个方面展开：一是海上丝绸之路五省（市）物流业、新型城镇化、生态环境协调发展研究。实现物流业、新型城镇化、生态环境的协调发展对于提升绿色物流效率、推动可持续发展具有重要意义。所以，为了更好地理解三者间的关系，从而促进区域经济的高质量发展，本书基于2009—2020年海上丝绸之路经济带五省（市）的面板数据，构建物流业、新型城镇化、生态环境评价指标体系。运用熵权法、耦合协调模型对海上丝绸之路经济带三大系统耦合协调性进行实证分析。二是海上丝绸之路经济带绿色物流效率测度和绿色物流效率影响因素研究。本书基于海上丝绸之路五省（市）的物流业数据，对其绿色物流效率值进行了测算分析，并构建模型来研究中国绿色物流效率的影响因素；空间相关性检验表明，海上丝绸之路五省（市）绿色物流效率存在明显的空间自相关；最后，对海上丝绸之路五省（市）绿色物流可持续发展提出了合理的政策建议。

第二节 研究内容及技术路线

全书围绕海上丝绸之路五省（市）绿色物流效率为核心，以海上丝绸之路五省（市）绿色物流可持续发展为研究目的，在对国内外相关文献、网络资源、五省（市）历年统计年鉴进行整理、分析、研究和总结的基础上，形成本书的整体框架结构。本书系统分析海上丝绸之路五省（市）绿色物流发展现状，在此基础上围绕物流业、新型城镇化、生态环境三大系统运用熵权法、耦合协调模型及探索性空间数据分析方法对海上丝绸之路经济带耦合协调性的时空演变规律进行实证分析，并运用超效率模型（Super-SBM）和全球全要素生产效率（GML）指数模型对其物流业绿色物流效率进行客观评估，从而得出五省（市）物流业绿色发展水平，通过物流业绿色物流效率的数据，构建空间计量模型来研究海上丝绸之路经济带绿色物流效率的影响因素，并针对以上分析提出具体提升绿色物流效率的典型案例。希望对海上丝绸之路经济带（南向）五省（市）绿色物流发展有一定现实意义，同时对五省（市）与海上丝绸之路沿线国家进行绿色物流合作提供一定的指导作用，真正实现21世纪海上绿色丝绸之路。

第三节　研究方法

一、文献研究法

文献研究法是科学研究的重要方法，借助文献研究法对已有文献进行整理和分析，能为本书研究提供参考和理论基础。依据本书的研究对象和研究目的，通过查阅文献资料、国家和各省（市）统计部门公布的权威数据来获取资料，分析得出绿色物流的发展现状和绿色物流效率的影响要素，根据前人研究方法和理论，进一步优化本书的研究过程。

二、实证研究法

本书的核心内容包括海上丝绸之路经济带（南向）五省（市）物流业、新型城镇化、生态环境协调发展，绿色物流效率测度及评价，绿色物流效率影响因素研究，其都是针对海上丝绸之路经济带（南向）五省（市）发展的实际情况，基于客观数据展开的实证研究并对闽浙粤地区低碳物发展实情展开实证研究。

三、定量分析方法

本书的研究方法主要集中在运用非径向的超效率模型（SBM）和全球全要素生产效率指数法（GML），基于海上丝绸之路经济带（南向）五省（市）12年的物流业数据，对其绿色物流效率值进行了测算，基于空间距离矩阵，运用全局莫兰指数（Moran's I）来检验丝绸之路经济带（南向）五省（市）的全局空间自相关，并对影响因素的作用进行详细分析。具体提升绿色物流效率的典型案例，通过考虑碳排放的冷链物流选址－路径问题模型，在选址问题上应用免疫优化算法求解，在加入时间窗的路径优化问题中，应用模拟退火算法求解。

四、宏微观相结合分析方法

海上丝绸之路经济带（南向）五省（市）绿色物流发展需要政府、产业、企业、协会、公民等多方联动形成合力，通过宏观政策和微观措施双管齐下，推动绿色物流可持续发展。

第四节　主要创新与不足

一、主要创新

已有的绿色物流相关文献，大多仍集中在探究绿色物流发展动因和定义的定性研究层面上。有很少一部分研究绿色物流发展动因的文献涉及了定量分析，但数据获取方式是问卷调查，缺乏基于客观数据的定量研究。本书研究的主要创新点在于：

（一）研究视角的创新

已有的绿色物流效率评价相关文献可划分为微观和宏观两个层面。微观层面的研究主体包括物流企业以及物流业内部各行业（机场、航运公司、港口、航运中心等），微观层面的物流绿色效率研究成果十分丰富，学者们甚至结合不同类型的企业特点，针对性构建了相应的绿色物流效率指标体系。宏观层面的研究主体主要指区域内的物流业（省份，国家），这一层面的物流绿色效率研究较匮乏，尚未有完善的效率指标评价体系。且由于宏观层面的数据收集存在一定困难，部分学者提出了相应的指标体系，但并未进行定量实证分析，本书在宏观层面完善了效率指标评级体系，并进行了定量实证分析，此为研究视角的创新。

（二）研究方法的创新

主要集中在运用非径向的超效率模型（SBM）和全球全要素生产效率指数法（GML），基于海上丝绸之路经济带（南向）五省（市）12 年的物流业数据，对其绿色物流效率值进行了测算，基于空间距离矩阵，运用全局莫兰指数来检验丝绸之路经济带（南向）五省（市）的全局空间自相关，并对影响因素的作用进行详细分析。具体提升绿色物流效率的典型案例，通过考虑碳排放的冷链物流选址－路径问题模型，在选址问题上应用免疫优化算法求解，在加入时间窗的路径优化问题中，应用模拟退火算法求解。一系列方法的应用，进一步优化了绿色物流效率的方法体系。

二、不足之处

本书虽然通过一系列研究得到了较为客观的结论和成果，但是研究方面还存在以下不足：

1. 海上丝绸之路经济带（南向）五省（市）物流业、新型城镇化、生态环境协调发展研究中，构建物流业、新型城镇化、生态环境评价指标体系的选择会受到客观数据难以获得的局限，有些比较合理的评价指标，由于缺乏较为权威的统计年鉴和数据缺失，导致没有办法更为全面地提出评价指标体系。

2. 时间跨度较短。数据采集的时间段跨度只有 12 年，对于基础性统计资料来说，虽然研究是可行的，但是时间跨度还是较短，有些数据需通过关联数据替代来测算，在实证研究中得到的结果会受到一定的影响。

3. 方法应用的方面还有很大进步空间，本书的定量研究方法主要是针对前人研究方法的一定优化，只能是在一定时间跨度内有一定创新，并不是解决此类问题的最优方法。

第二章　文献综述

第一节　绿色物流的内涵及其发展研究

一、绿色物流内涵研究

物流管理作为供应链管理的重要一环,承担供应链中原料、半成品加工、制成品从原产地到交易地的全部运输仓储物流。快速响应供应链网络里随时变化的流动要求对供应链环境的协调发展尤为重要[①]。绿色物流研究的高速发展起源于19世纪60年代对货运运输的研究,在这之前,有关环境污染的研究非常少,主要是由于人们认为绿色生态环境本身有无限大吸收净化处理环境污染的水平。阿隆森(Aronson)、布罗丁(Brodin)(2006)在 *The environmental impact of changing logistics structures* 中归纳了1995—2004年物流领域内的研究,发现仅有2%的物流和供应链领域内的研究关心或提及环境难题。自2000年以后,绿色物流和环境可持续性供应链的研究开始快速提升。阿布哈德(Abukhader)、琼森(Jonson)(2004)在 *E-commerce and*

---

① SWANSOND, GOELK, FRANCISCO, et al. Applying Theories from Other Disciplines to Logistics and Supply Chain Management: A Systematic Literature Review [J]. *Transportation Journal*, 2017, 56 (3): 299-356.

the environment：*a gateway to the renewal of greening supply chains* 中将绿色物流的研究主题风格界定为环境绩效评估、反向物流与绿色供应链管理。麦金农（McKinnon）、布朗（Browne）、怀廷（Whiteing）等人（2015）在 *Green Logistics*：*Improving the Environmental Sustainability of Logistics* 中遵照绿色物流研究的先后顺序，将研究主题风格拓展到货运运输的外部经济、大城市物流和反向物流，并从物流公司的视角归纳了物流在环境可持续和企业社会责任领域内的研究难题，主要表现在：公司社会责任的公布[①]、公司社会责任实践活动和发展影响因素、公司社会责任对物流服务提供商挑选产生的影响[②]、公司生态创新的驱动力、货运运输里的驾驶人员高效率、物流服务提供商与发货人之间的关系、可持续发展观等。

在我国 2001 年出版的《物流专业术语》中，对绿色物流的解释是，在物流活动中同时达到资源的有效利用和减少对环境的污染[③]。至此，中国学者开始了一系列绿色物流运用的研究。章玲玲和于倩雯在（2017）《物流服务能力评价的实证研究》中强调，绿色物流能改善物流环境，使网络资源获得尽量有效和足够的利用。在这过程中，最主要的是尽量避免对环境的污染，当然也要防治污染。与此同时，其实施措施公司要具备一定的环保科技，最大程度地减少物流活动对环境与资源利用率的危害，根植于闭环控制物流的运输、储藏、包装、装卸、流通加工和废弃物处理等环节。要实现传统式物流将尾端废料回流到起点的总体目标，要设计网络资源、环保产品、绿色生活结合的循环系统物流管理体系。执行绿色物流的关键在于利用废料和反向物流推动物流的循环系统利用，使绿色物流变成资源和商品、产品和交易间的公路

---

① TONGM，MOUSSA T. How logistics firms deal with and report on CSRexpectations［R］. 2012.

② LIEB，KJ，LIEB R C. Environmental sustainability in the third – party logistics（3PL）industry［J］. *International Journal of Physical Distribution & Logistics Management*，2010.60（3）：200–208.

③ 中华人民共和国国家标准：物流术语（GB/T 18354—2001）［S］. 北京：中国标准化管理委员会，2001.

桥梁。绿色理念的明确提出是为了减轻物流业所带来的环境难题，非常符合我国社会经济发展的内在要求。"经济收益、以客户为中心"是商业服务生产与物流服务项目的关键总体目标，但更关键的是，"节约能源、维护环境"始终都是发展中的关键前提条件，构成了硬性约束。绿色物流配置要求以和环境的融洽为主要目标和前提条件，规定发展趋势可持续性经济发展，使物流原先的单边化学物质迁移编码序列转变成相互作用、相互依赖的协调关系。因而，在合理利用网络资源且不毁坏环境的前提下，改善环境能源能够归纳为绿色物流的目标和理想。发展趋势绿色物流前提条件是降低环境污染能耗。

二、绿色物流效率评价研究

对物流业的绿色发展水平做出客观评价和测度，有助于政府把握绿色物流的发展轨迹，从而更好地对物流业进行产业规划，促进物流业绿色、健康、可持续发展。因此，建立一套行之有效的绿色物流效率评价体系是十分有必要的。但绿色物流理论发展至今仅20余年，仍处于初期探索阶段，学术界并没有明确的关于绿色物流效率评价的定义。西方经济学认为，效率表示在投入资源恒定的前提下，可以达到最大程度的运行状况。如何将投入产出的过程达到最大化，了解当前的生产状况与最佳状况之间的差距是效率的本质。基于绿色物流的定义，其目标应至少包括两个维度——经济发展目标和环境可持续发展目标。本书将绿色物流效率评价定义为在考虑环境污染的前提下，区域物流活动中物流产出与资源投入之间的比值。接下来，本书从绿色物流效率评价理论体系和实证研究两方面来梳理研究现状。

首先，在双循环新发展格局下物流业评价研究中，廖毅等人（2021）在《双循环新发展格局下现代物流业促进区域经济协调发展研究》一书中明确提出大力推广当代物流业是地区社会经济发展协同发展的关键发展战略，要提升销售市场流通经济发展态势、当代物流业集聚效应，推动当代物流业创新发展模式，加强人才培养；王先庆（2020）在《新发展格局下现代流通体系建设的战略重心与政策选择——关于现代流通体系理论探索的新框架》一文中强调国际性双流通发展趋势新机遇是中国基本建设智慧物流体系的重要目标与任务，并给出搭建当代国际贸易流通方式体系、战略流通组织框架体系、当代国际贸易流通战略支撑体系、多层面进出口贸易流通方式体系和流通体系。其次，在绿色物流理论实验中，蔡绍洪等人（2017）在《绿色物流产业组织模式及运行机制——以虚拟产业集群为研究视角》一文中觉得互利共赢、专业知识外溢和政策效应三种机制能够减少资源短缺，完成绿色发展理念。刘战豫等人（2018）在《我国绿色物流发展面临的突出问题及应对策略》一文中提出，绿色物流产业标准、环境评价体系的建设、设施设备技术创新、产品和新产品研发、人才团队的塑造都非常重要。刘尧飞（2020）在《双循环格局下的供应链价值链绿色化转型研究》一文中觉得应当通过世界各国绿色技术的研发与迁移及其绿色创新意义的转换来搭建绿色供应链和顾客价值。最终，在绿色物流效率的实证分析中，张瑞（2020）在《中国省域物流业绿色全要素生产率的演进及溢出》一文中应用 SBM 模型分析了我国各省绿色物流的效率，认为科技实力、设备和经济是促进绿色物流发展趋势的重要原因。张云宁等人（2020）在《低碳环境下区域物流产业效率综合研究——基于长江大保护区域 19 个省的实证分析》一文中应用三阶段 DEA 实体模型对长江保护区十九个省（市）的绿色物流效率展开了深入分析，给出了全力发展低碳经济、政府扶持、区域经济发展的发展战略。张晟义等人（2022）在《乌鲁木齐国际陆港物流效率评价及对策研究》一文中还运用 DEA 实体模型对乌鲁木齐陆路口岸的货运物流效率展开了深入分析，并且从政府扶持、人才培养、国际性物流通道等多个方面给出了提议。

第二节　绿色物流影响因素研究

本部分主要综述绿色物流效率影响因素相关研究，将从绿色物流效率影响因素的选择和绿色物流效率影响因素的实证研究方法两部分展开。

一、绿色物流效率影响因素的选择

国外学者对绿色物流发展影响因素的研究更多是从物流运作的微观角度进行的：阿巴雷希（Abareshi）等人（2007）在 *Greening logistics and its impact on environmental performance：an absorptive capacity perspective* 中通过调研和数据统计分析，证实高绿色物流基础知识的使用率对绿色物流的业绩考核极为重要。根据改进货运物流运行，能将新的知识用于绿色实践活动，以实现二氧化碳排放、燃料消耗与环境管束。塔木里斯夫（TamulisV）等人（2012）[①] 从技术角度分析了企业方面危害绿色物流的因素，论述了公司因素对绿色物流的影响。田恬（TianT）和杨晨（ChenY）（2014）在 *Research on Green Degree Evaluation of Manufacturing Reverse Logistics* 中对制造企业的一般物流活动进行了研究，并以此为基础构建了逆向物流制造系统模型，分析影响制造企业逆向物流绿色度的主要因素，设计绿色度评价指标体系，为相关企业进行逆向物流绩效评价提供参考和借鉴。安东尼（Antoni）等

① TAMULIS V, GUZAVICIUS A, ZALGIIYTE L. Factors influencing the use of green logistics：theoretical implication［J］. *Economics &Management*, 2012, 17（2）: 104–110.

人（2015）　在 *Green Logistics*：*Improving the Environmental Sustainability of Logistics* 中使用专家打分法、层次分析法和主成分分析法对物流活动中减少二氧化碳排放量的措施进行了分析，并采用贝叶斯分类器对不同措施之间的关系进行了研究。

国内学者对绿色物流发展影响因素的研究主要是从宏观角度出发，在对某个行业或区域的绿色物流发展水平或绿色物流绩效进行评价的基础上进行的，研究重点主要在影响因素和方法的选择上：杨多多（2014）在《商砼物流企业绿色管理的绩效评价研究》中采用模糊数学方法，研究商校企业绿色物流管理中的配送中心、车辆路径和回收过程三个环节的绿色物流绩效及影响因素。王昕天（2015）在《国际物流绩效影响因素的作用机理》中运用结构方程模型，对全球 175 个国家的 LPI 的影响因素展开了实证分析，发觉信息科技对国际物流业绩考核的推动作用是由物流设备水准间接性所产生的。郑莉（2016）在《湖南省绿色物流系统分析与发展对策研究》中应用系统动力学方式将绿色物流系统软件分成物流自然环境子系统、物流供求子系统和物流能源消耗子系统。在分析物流系统软件能源消耗和污染排放影响因素以及动态性特点的前提下，分析了经济发展从物流承载力等多个方面选择影响因素，构建灰色关联分析指标体系，对湖南省绿色物流的发展进行了分析。廖娴（2017）在《层次分析法在绿色物流中的应用》中运用层次分析法对影响绿色物流发展的关键因素进行了分析。田洪燕（2018）在《绿色物流绩效评价及其影响因素分析》中运用回归分析，选择社会经济发展、物流业就业水平、网络资源现行政策、产业布局、城镇化水平等 5 个要素，分析对于我国总体和中西部地区绿色物流业绩考核产生的影响。张雪（2019）在《我国绿色物流绩效及其影响因素研究》中运用 Tobit 回归模型，对基于数据包络分析法测算得到的我国 30 个省份的绿色物流绩效值进行了影响因素回归分析，发现经济、人力水平、政府干预程度和区位因素对我国绿色物流发展的影响显著。

二、绿色物流效率影响因素的实证研究方法

皮什瓦伊（Pishvae）①分析了绿色物流网络的不可控因素，建立了模糊数学模型。博索纳（Bosona）等人（2011）在 *Cluster building and logistics network integration of local food supply chain* 中为减少运送资源消耗和绿色物流的使用效率，给出了搭建制造商集群式带。严世华（2010）在《基于绿色物流绩效的灰色系统理论评价》中觉得，公司、用户和别的参加者应当付诸行动发展趋势绿色物流。雷扎伊（Rezaei）等人（2018）在 *Measuring the relative importance of the logistics performance index indicators using Best Worst Method* 中建立了物流运输的业绩考核评价指标体系，采用模糊综合评判法对生鲜产品生产业绩考核开展评价。伍国勇等人（2014）在《论超循环经济——兼论生态经济、循环经济、低碳经济、绿色经济的异同》中阐述了绿色经济、绿色发展和绿色低碳经济结合的差别。尹新（2012）在《苏南地区绿色物流发展现状调研分析》中对其苏南地区物流企业进行筛选且有分别评价规范的前提下，讲述了物流企业生态效益评价的价值，选用了物品包装、运输贮存环节上危害物流企业生态环境保护的众多要素，且根据问卷调查报告打造了物流企业生态效益评价指标值，并进一步应用 AHP 建立了评价指标体系的评价实体模型，对具体物流企业进行了评价分析。王乐（2019）在《长江经济带物流业绿色效率评价及对策研究》中以固定资本、就业人数和能耗为资金投入指标值，以工业生产提高、货物周转量和二氧化碳消耗量为产出指标，运用 SBM 和 SML 实体模型对长江经济发展展开分析。

综上可知，现有研究为物流业的低碳绿色发展奠定了良好的理论基础，笔者在前文文献梳理的基础上进行了如下的总结：

---

① PISHVAEE M S, TORABI S A, RAZMI J.Credibility-based fuzzy mathematical programming model for green logistics design under uncertainty［J］. *Computers & Industrial Engineering*, 2012, 62(2):624-632.

　　在绿色物流影响因素相关研究中，学者们从不同纬度对绿色物流效率的影响因素进行了选择，并以不同的研究方法来探究各因素对绿色物流效率的影响程度。但在研究方法的选择上多数文献未能考虑到空间依赖性，空间计量相关模型在该类问题的使用不够广泛。在研究主体的选择上，较多文献所选取的研究范围不够全面仅限于经济区域，以国家层面的研究文献相对较少，因而较难从宏观层面给出政策性建议。

第三节　绿色物流绩效评估研究

一、物流业与新型城镇化的关系

　　对于这二者间关系的研究，大致可以分为两类。一类是探究一方对另一方的影响；另一类则是评价二者间的协调发展程度。对于前者，国内外学者研究发现，物流业对新型城镇化的影响表现为促进人口城镇化和提高科技创新水平等方面。赵昆伦等人（2021）在《物流业与城市化协同路径及驱动因素研究》中通过采用空间计量模型，对江苏省城市化进程与物流业协同发展的驱动因素进行分析。物流供求水平的提升将促进人口城镇化，从而对促进新型城镇化的效果显著。徐娟（2020）在《基于主成分分析—熵值法的绿色发展视角下城市物流绩效指标体系构建与评价研究》中对中部 6 省的相关数据进行分析，采用构建主成分分析法，验证了基于主成分分析—熵值法构建评价指标体系的合理性，评价指标体系的构建为建立和完善绿色发展视角下物流业绩效量化评价提供了标准参考。梁雯等人（2014）在《基于 ECM 模型的安徽省新型城镇化水平对物流业发展影响研究》中采用构建误差修正模型（ECM）来探究新型城镇化对物流生产效率的影响，研究发现，新型城镇化应充分考虑从建设角度挖掘潜在的物流需求，通过完善硬件基础设施，从而促进物流业的进一步发展。沃尔珀特（Wolpert）研究指出，城市物流通过长信的方式来应对道路基础设施接近饱和的挑战。[1] 对于后者，研究视角和结论更加多元化。如，从构建全国统一大市场的角度阐述物流业与城镇化间的关系，来架构复合系统协同度模型，寻找协同发展水平变化趋势。其中，梁雯等人（2014）在《基于 ECM 模型的安徽省新型城镇化水平对物流业发展影响研究》中采用灰色关联度方法，探究二者的复合系统协同水平的关键因子，对相关影响因子进行排序，并发现二者复合系统协调度水平呈螺旋式上升趋势。在探寻长江经济带物流业对新型城镇化的影响时，温婷等人（2021）在《长江经济带物流业集聚对新型城镇化的影响》中利用空间杜宾模型与面板门槛模型进行研究。结果发现，以不同的因素作为门槛变量时，二者的关系呈现"倒 U"型或"N"型关系。此外，通过各种指标的确定，来寻找物流业与城镇化间的相互作用关系，并通过耦合协调度模型，对二者耦合程度以及滞后现象进行分析[2]。

二、新型城镇化与生态环境的关系

这二者关系的探讨可分为理论和实证两方面。在理论研究方面，自霍华德（Howard）（1898）第一次提出"田园城市"[3]。这一概念之后，国内外学者对二者关系进行了深入探讨，并得出了相关理论。例如，国外方面的"诺瑟

---

[1] WOLPERTS, REUTERC. Status quo of city logistics in scientific literature: systematic review. [J]. *Transp. Res. Record*. 2012, 2269: 110–116.

[2] WUY, NIWH. An empirical study on the efficiency of coupled development of new urbanization and logistics industry. [J]. *Bus. Eco. Res.* 2020, 15: 98–101.

[3] HOWARDE. *Tomorrow, a peaceful path to social reform* [M]. Cambridge University Press, 2010.

姆曲线”[①]“环境库兹涅茨曲线”[②]“压力 – 状态 – 响应”模型[③]等。国内方面的“社会 – 经济 – 自然复合生态系统”理论[④]、“城市生态”[⑤]、“城市可持续发展”理论[⑥]、“耦合魔方”理论[⑦]等。这些都极大地丰富了新型城镇化与生态环境间的理论成果，并为实证研究奠定了基础。在实证方面，从研究主题来看，主要包括以下内容：一是城镇化对生态环境产生负面影响，如水污染、大气污染、噪声污染等；二是城镇化对生态环境的正面影响，为达到可持续发展的目的，做出有关生态环境方面的改善；三是城镇化对生态环境的影响具有阶段性特征，即城镇化不同发展阶段对环境产生的影响方向及程度不同。对于新型城镇化和生态环境协调发展的评价，多以耦合协调度来衡量。如，盛宝柱、冯俊华等人（2022）在《陕西省新型城镇化与生态环境协调度研究》中结合相对发展模型及面板向量自回归（PVAR）模型，对陕西省的城市化与生态环境系统进行耦合研究，结果表明，研究区内两系统发展存在着“基本不协调—基本协调—中度协调”的演变规律[⑧]。庄婷婷（2021）在《乡村旅游、新型城镇化与生态环境——基于乡村振兴战略的 PVAR 分析》中基于熵值法对

① 宋慧琳，陈平 . 基于“诺瑟姆曲线”分析江西城镇化发展［J］. 价格月刊，2015（1）：64–67.

② 赵菲菲，卢丽文 . 环境治理视角下环境库兹涅茨曲线的实证检验［J］. 统计与决策，2022，38（20）：174–178.

③ 丁文璐，夏军，姚成慧，李森，张勇奋，刁艺璇，佘敦先，郑海金 . 基于压力 – 状态 – 响应和 TOPSIS 模型的德安县水生态承载力评价［J］. 武汉大学学报（工学版），2022，55（11）：1081–1089.

④ 薛冰，李宏庆，黄蓓佳，王鹤鸣，赵雪雁，方恺，陈成，陈伟强，石磊，勾晓华 . 数据驱动的社会 – 经济 – 自然复合生态系统研究：尺度、过程及其决策关联［J］. 应用生态学报，2022，33（12）：1–8.

⑤ 徐琳瑜，杨志峰，李巍 . 城市生态系统承载理论与评价方法［J］. 生态学报，2005（4）：771–777.

⑥ 刘炳胜，杨中齐，薛斌，孙新章 . 中国城市可持续发展政策效应评估——基于国家可持续发展实验区的准实验证据［J］. 公共管理学报，2022（1）：1–27.

⑦ 刘海猛，方创琳，李咏红 . 城镇化与生态环境“耦合魔方”的基本概念及框架［J］. 地理学报，2019，74（8）：1489–1507.

⑧ 冯俊华，张路路 . 陕西省新型城镇化与生态环境协调度研究［J］. 生态学报，2022，42（11）：4617–4629.

二者进行测算，结果表明，新型城镇化不利于生态环境保护，但在资源配置有效的前提下，提升生态环境将会促进新型城镇化发展。实际上，在大多数省（市）中，二者的协调关系经历了失调向协调发展的过程，目前土地生态安全发展总体上落后于新型城镇化发展水平，仍未达到理想安全状态。因此，在未来的土地规划和利用中，应继续加大土地生态安全监管力度，促进城镇建设协同绿色发展[①]。

三、物流产业与生态环境的关系

大多数学者倾向于从减少能耗、低碳以及环境与物流绩效关系的角度出发来论证二者间的关系。减少能耗方面，将其作为物流产业发展影响因素之一展开讨论进行研究的较多，如，李娟采用建构计量回归模型的方式，探讨广西物流业发展对生态经济的影响，并提出合理化建议。邱慧等人（2022）在《山西省低碳物流产业发展影响因素分析》中研究影响山西省低碳物流产业发展的主要因素，运用灰色关联分析法的主要因素进行量化分析。根据各个因素与山西省低碳物流产业发展的灰色关联度大小，对山西省低碳物流产业的发展提出了相关建议。低碳物流方面，主要包括对低碳背景下物流业发展存在的问题及应对策略的研究以及将碳排放纳入物流效率评价体系的研究。此外，也有学者使用耦合协调模型，来对低碳视角下区域物流与生态环境协调发展关系进行研究。徐剑等人（2020）在《湖州市物流发展与生态环境系统耦合度研究》中利用熵值法对各项指标赋权，构建物流系统与生态环境系统的耦合协调模型，对湖州市物流系统与生态环境系统进行评价。罗清等人（2022）在《数字物流、经济增长与生态环境协调发展》中通过研究长江经济

---

① 韦绍音，陆汝成. 贵港市新型城镇化与土地生态安全协调发展研究［J］. 江西农业学报，2021，33（10）：145–150.

带 11 个省（市），通过耦合协调度模型测算，并运用固定效应回归模型对协调发展水平的影响因素进行分析，得到长江经济带处于中度耦合阶段。

四、物流业、新型城镇化、生态环境的关系

对于这三者所构成的复合系统协调发展问题的研究目前还相对较少，部分研究以碳排放为生态环境的切入点，分析三者之间的动态平衡关系[①]。梁雯等人（2019）在《物流产业增长、城镇化与碳排放动态关系研究》中运用向量自回归模型、脉冲响应和方差分解方法，定量分析了物流产业增加值、固定资产投入、城镇化水平与碳排放之间的关系，研究表明发现，物流业的发展和城镇化水平的提高对碳排放具有长期正向影响，所以物流业转变发展方式，推广低碳物流。

通过对相关文献的回顾梳理，可以发现，国内外学者对物流产业、新型城镇化、生态环境之间关系的研究成果丰硕。具体表现为在相关概念界定、评价指标体系设计上不断丰富；研究视角更加的多样化。但仍存在几点有待进一步拓展，现概括如下：第一，从研究视角上看，对于两两系统，国内外学者更侧重于研究其中某一方对另一方的影响。实际上，作为两个相互独立又相互联系的系统，其作用关系不仅仅是单向的，也是双向互动的。第二，从研究内容来看，相关研究侧重于对两两系统间的关系进行分析，而将物流业、新型城镇化、生态环境三系统作为一个整体进行耦合协调发展关系探讨的研究较匮乏。在新型城镇化发展中，需要充分激活商流、资金流、物流，而物流业作为支撑性产业，需要充分发挥其作用。同时，这个过程必会对生态环境产生深远影响。这说明物流业、新型城镇化和生态环境是动态联系的，

[①] 梁雯，许丽雲，司敏.安徽省物流业碳排放与城镇化、经济增长关系实证研究［J］.东北农业大学学报（社会科学版），2017，15（6）：14-20.

如何正确把握这三者之间的关系，将会成为一个非常重要的课题。推动海上丝绸之路经济带发展有利于走出一条生态优先、绿色发展之路。但在新型城镇化的快速发展过程中，不进行相应的环境规制的话，生态环境会受到不同程度的破坏，三者将会出现不协调发展。因此，研究海上丝绸之路经济带物流业、新型城镇化与生态环境的关系至关重要。有鉴于此，本书在借鉴已有的相关研究成果基础上，构建了物流产业－新型城镇化－生态环境三系统评价指标体系，运用综合评价模型、耦合协调模型、探索性空间数据分析方法对海上丝绸之路经济带三系统的综合发展水平、动态耦合协调性及其耦合协调水平的空间差异性与发展态势进行研究，这对已有的相关研究起到了补充的作用，同时期望能为海上丝绸之路经济带物流产业、新型城镇化、生态环境的协调可持续发展提供理论依据和决策参考。

第三章　相关理论基础

第一节　研究概念界定

一、区域物流

区域物流就是指全方位支撑区域可持续性发展目标而创建的融入区域环境特点、给予区域物流作用、达到区域经济发展、政治、自然、国防等有效发展要求，具备有效空间布局与服务经营规模，完成合理组织管理的物流活动管理体系。区域物流主要是由区域物流网络体系结构、区域物流信息内容模板支撑体系和区域物流组织运作管理体系构成①。

区域物流这个概念来自物流定义，二者的不同主要表现在室内空间范围上的区别。物流理论的论述通常是生产和消费资料与物流环节及供应链管理联系的外部经济视角，而区域物流这个概念论述角度更为宏观经济，注重物流的区域特性特点，将区域物流视作区域经济体系不可或缺的一部分，而不是简单的"区域内物流产业链"。区域物流是在某一个区域范围之内，为依托区域全方位可持续性发展目标而搭建的物流运行管理体系，主要特征是可以融入区域自然环境，达到区域经济发展活动必须，具备一定程度的合理活动

---

① 张中强.区域物流协调发展［M］.北京：中国财富出版社，2011.

范畴及其科学合理高效的服务管理系统。区域物流相比国际性物流而言，都处在同样的法律法规、规章制度、规章制度下，都受到了同样文化艺术以及社会因素的影响，都处在基本一致科技能力和武器装备水准当中，因此，都是有独特的层面，都有其区域的特征。

物流产业发展水平是区域经济发展的风向标。物流产业发展水平包含物流基础设施建设、物流技术和信息化水平、物流企业综合实力等方面的内容，为区域社会经济发展带来最直观的保障，而一个区域经济发展水平对区域物流产业的发展同样起到关键作用。在我国经济转型的关键时期，对物流产业的重视程度达到了一个新高度 [①]。

目前为止，国际性学界对区域物流的概念并未统一，此外，国家对区域物流的描述则更加趋于不够成熟，除开物资供应部门及交管部门对物流的认知含有一丝"成见"外，人们对于物流的可用面的认知也长期存在许多局限性。意识了解里的矛盾，造成理论基础研究存在很严重的保守思想，无论是物流战略发展规划或是物流运营管理现代逻辑科学研究，也是从学者本身立场和角度考虑，片面性地注重物流某一局部作用因素。理论基础研究的保守思想使物流全面的发展欠缺统一规划，区域物流失去其作为一个总体系统软件的优点，物流和传统运送、仓储物流之间的差别越来越模糊不清。伴随着实业界和政府机构对物流产业的高度关注，区域物流的含义还在不断完善和发展。因而，大家需从多方位去分析和了解区域物流，拥有更多的社会经济学或单位管理工作的专家学者应来关心物流这一新型的管理方法与经济组织结构。从社会经济学、企业管理学、经济地理学等几种角度剖析区域物流领域内的学术问题，进一步明确区域物流概念体系，丰富与发展区域物流的理论框架，从而推动物流产业全面健康的发展。

从区域物流的建立全过程来说，区域物流是随着区域社会经济产生和发

---

① 梁智福.闽台两地区域物流竞争力比较研究［D］.厦门：厦门大学，2018.

展而产生发展出来的。区域经济发展是一种聚集经济发展，是人流量、物流外包、资产流等各类规模经济聚集在一起的产业化经济发展，它是以制造的大批量化及持续性为主要表现的。可是，聚集并不是目的，因素的聚集就是为了产品的蔓延，科学合理的物流系统软件针对商品价值与使用人格塑造起到主导作用[①]。

总体来看，区域物流要以区域所在位置为原则，所在位置的个体差异和普遍性是产生区域物流的前提条件，以大中小型城市为核心，突显大中小型城市处在区域社会经济中心点，是促进聚集合理性的重要室内空间表达形式[②]，如，广州、上海、杭州、宁波、连云港、青岛、烟台、天津、大连、南京、武汉、郑州、西安、重庆等大中小型城市及相关的区域经济发展范畴；又如，珠江三角洲、长江三角洲、环渤海经济发展区域、南京苏北经济发展区域、武汉华中经济发展区域、郑州中原地区经济发展区域等。

二、绿色物流

绿色物流这一概念融入了多种多样课程理论依据，包含绿色生态环境学、绿色生物学、社会经济学、可持续发展观基础理论、成本效率基础理论、物流运送理论与业绩考核磨炼等，在各种课程基础理论有机融合的前提下，绿色物流定义应时而生。根据降低有危害资源耗费，增加环境保护资源利用率，将绿色生态应用到物流安装的各个阶段，从承揽订单信息到仓储物流运送到物流运输派送，完成物流全过程环境保护绿色。

绿色物流表现在物流运输各个阶段，如绿色物流运送、环境保护化外包装、绿色包装商品流通等。绿色物流是以实现环境保护资源开发效率最大化

---

① 肖卓. 云南面向东南亚、南亚区域物流系统优化研究［D］. 长沙：湖南大学，2007.

② 王东方. 中国城市物流发展空间结构演化与机理研究［D］. 西安：长安大学，2019.

为经济指标，将可持续发展观融进物流运送全流程，运用物流运输仓储技术的突破，来完成对绿色物流全系统的改造提升。绿色物流的目标是保护环境，增加可持续性循环发展幅度。我们通过对运送安装步骤开展改造提升，完成物流阶段绿色化，并结合物流阶段上下游产业间的协同配合，将快递公司物流的生态性贯穿全流程，进行资源开发、经济收益和环境维护相互依存工作链。根据抑制物流对环境造成不良影响的前提下，完成物流的主要效益化。

就目前来说，通过实证研究视角，科学研究绿色物流的文献并不多，学界针对物流业绿色发展水平的探索大多数集中在基础理论方面，主要表现为不同发展阶段对绿色物流的界定和多角度的丰富。

针对绿色物流的探索可追溯到 20 世纪 90 年代，现阶段公认的最开始宣布提出绿色物流定义的是墨菲（Murphy）等人，其 1996 年于 *International Distribution & Logistics Management* 的 "货运物流领域内的环境污染问题" 专栏上提出循环包装可以很好地完成货运物流生态化。到此，"绿色物流" 这个概念才被宣布提出。自此，伴随着物流行业对环境的作用持续加剧及人们对于物流行业认识进一步深化，诸多专家学者和管理者从不同视角提出了绿色物流的概念。早期专家学者多从物流管理系统的角度对绿色物流开展界定，如吴（H.J. Wu）和邓恩（S.Dunn）（1995）[①] 指出，绿色物流操作系统是一个在所有物流阶段都担负环境维护职责的物流系统软件，包括正方向物流和反向物流两部分。罗德里格（JeanPaul Rodrigue）和布莱恩斯拉克（Brian Slack）（2001）[②] 强调，绿色物流是一种环境友善的物流系统软件，能够实现物流活动与环境维护的优良融洽。

---

① WU H J，STEVEN C，DUNN. Environmentally Responsible Logistics Systems ［J］. *International Journal of Physical Distribution and Logistics Management*，1995，25（2）：20.

② RODRIGUE J P，SLACK B. The paradoxes of Green Logistics ［C］. *The proceeding in of 9th world conference on transport research*，2001.10–17

不难看出，国内外的学者对绿色物流提出的概念中，将能源供应与环境系统和物流活动相关联，也使国内外的绿色物流又被称为"绿色生态物流"或"环境物流"，在环境角度上，绿色物流致力于灵活运用能源利用效率，降低碳减排以保障环境；在绿色生态角度上，绿色物流致力于保持生态体系平衡，可以将其看作一个维护环境和生态系统的物流老系统。从这几点来说，世界各国学者对绿色物流了解的关键是趋于一致的，即维护环境、节约能源、收益最大化，将物流和经济可持续发展观完美结合。故融合本书的研究的目的，从经济体系考虑，书中对绿色物流的理解就是社会经济发展系统内考虑到资源与环境代价物流个人行为及活动。

在我国 2001 年出台的《中华人民共和国国家标准物流术语》（GB/T 18354—2001）将绿色物流定义为，在物流环节中抑止物流对环境造成不良影响的前提下，完成对物流环境的净化处理，使物流网络资源获得灵活运用。这一界定被众多学者所选用，自此还有学者从别的视角对这一界定展开了填补拓展。如，陈达（2001）在《绿色物流管理浅议》中从关注和改善环境的角度强调，绿色物流有较好的环境共生性，可以从环境的视角对物流管理体系开展改善，在缓解物流活动环境危害的前提下完成经济持续发展。王长琼（2002）在《面向可持续发展的绿色物流管理》中则强调，绿色物流是以保障环境为主要目标，选用前沿的物流技术性将物流活动的相关阶段对环境的影响分析降至最低，并进一步强调绿色物流和绿色生产制造、绿色消费的相互关系。李振福（2005）在《物流文化与绿色物流》中从绿色物流的举动主体考虑，强调绿色物流包括了物流公司、制造业企业与消费者等各个个人行为主体。学者张京敏（2009）在《我国零售业物流体系发展研究》中则将从供应链管理角度考虑，觉得绿色物流是环境友善型物流系统软件，可以实现节约能源保护环境，是绿色产业链的一部分。近几年来，伴随着可持续发展现代逻辑的明确提出与发展，有学者融合可持续发展基础理论对绿色物流展开了论述，觉得绿色物流根据选用前沿的物流技术以及环境管理模式，对物流系统实现科学布局和有效操纵，可以减少资源浪费现象和环境污染，并从而实现经济发展、社会发展、环境的协调管理可持续发展。尽管绿色物流的概念并未统一，但不同学者针对绿色物流的研究结果大体一致。

以供应链管理为角度界定，绿色物流是时时刻刻高度重视环境要素，在大多数抵达顾客手里的物流阶段，包含废弃物回收与处理的反向物流都会进行绿色化（H.J.Wu 和 S. Dunn，1995）[①]。绿色物流就是对前向物流和逆向物流的生态管理（PETERSEN B N, PETERSEN P.）[②]"国逆向物流执行委员会"觉得绿色物流更加关心保护环境，这也是与传统物流拥有非常大差距的，是属于"生态化的物流"。2001 年所发表的《国家物流术语标准》觉得绿色物流指的是在有关的物流工作流程时要更加重视减少对环境的毁灭性，与此同时，维护环境、提升资源使用率。王长琼（2004）在《绿色物流的内涵、特征及其战略价值研究》中强调公司的绿色物流拥有正方向和反方向两方面的监管，都需要使之绿色化，这两种不同的层面促使公司绿色化物流的实行得到确保，绿色物流是指通过学习先进经验技术和传递环境保护作业核心理念，对于整个系统实现计划、组织、协调、控制，从而达到减少环境污染废气排放、节约能源效果。曾国平（2003）在《绿色物流：未来中国物流业的发展主流》中觉得绿色物流即是为了需求和供给彼此之间的主体服务项目，最大程度地摆脱时间与空间里的阻拦，为用户提供绿色变的商品或服务以满足自己的规定而且环境保护化作业全过程。刘春宇（2005）在《从环境角度谈绿色物流体系的构建》中明确提出绿色物流是有着可持续发展特性的物流作业方式，它节约能源，重视环境保护，尽可能回收利用，减少环境污染与消耗，它不

---

① WU H J, DUNN. Environmentally Responsible Logistics Systems［J］. *International Journal of Physical Distribution and Logistics Management*，1995，25（2）：20–24.

② PETERSEN B N, PETERSEN P. *Green logistics*［M］.The Danish Press，2006.

仅需要公司绿色工作更应该社会发展对它进行监管和控制。

虽然世界各国权威专家学者对绿色物流的描写不尽相同，但都阐述了绿色物流的本质就是致力于可以进行可持续发展的物流工作。绿色物流的关键点便是重视生物的多样性、资源消耗少、具备环保的性能，可以对废料予以处理后使之能被回收利用，从而使这种物流作业方式可持续发展。这种绿色化的改善方法是绿色物流的一部分，因此对它的理解具有一定的广泛性[①]。

绿色物流的含义主要包含以下五个方面。

集约资源：这一概念是绿色物流持续发展的关键指导思想之一，指物流公司将资源融合集中化，提升网络资源利用率，辨别绿色合理资源与有害废弃物网络资源，完成资源的回收再利用，减低运行成本费。

绿色运输：物流过程中不可缺少的阶段是运送阶段，而道路运输的应用通常随着有害物质的排出，长期性积淀会破坏环境。绿色物流的主要处理问题便是绿色运输层面，根据使用清洁能源、合理安排配送路线、加强协作技术等层面，完成绿色运输。

绿色仓储：仓储物流环境针对包裹储存起着至关重要的作用，绿色仓储物流对仓库选址以及包裹搜索、装卸、搬运技术，以及存放方式等都有一定的规定，在绿色仓储物流下，要助力企业实现成本费降到最低和收益最大化。

绿色包装：绿色新型环保材料的运用针对外包装阶段拥有重要作用，运用新型环保材料可以防止有害物对环境造成毁坏。

废弃物物流：废弃物物流就是指一些没有经济效益的物品通过归纳、归类、再回收利用、仓储物流、运输等各个环节，运输至专业解决场所的物流活动[②]。

---

①　张滨.发达国家绿色物流的发展及其对中国对外贸易的影响［D］.长春：吉林大学，2015.

②　常雪梅.S快递公司绿色物流发展策略研究［D］.济南：山东师范大学，2021.

三、绿色物流效率

绿色物流效率体现的是电子商务发展的生态化水平。绿色物流效率的提升可以减少能源消耗，减轻空气污染，推动绿色发展的可持续发展[①]。

我们以绿色物流效率作为绿色物流发展水平的考量变量，绿色物流效率一方面在一定程度上展现了绿色与可持续发展观的规定；另一方面也更为全方位地体现了物流经济的提高规定。绝大多数专家学者对物流业效率点评研究时，从系统软件角度考虑，进一步阐述了危害物流业效率的影响因素，并展开了实证检验。

（一）危害绿色物流的影响因素指标值

物流业的高速发展受诸多条件的限制，如技术性、规章制度、自然环境、社会发展、文化艺术、政治等。相关专家学者针对物流业效率相关因素的研究大致可分为宏观经济、中观和外部经济三个层面。

笔者根据对专家学者选择指标进行整理，发觉宏观角度指标主要包含：地域经济发展水平、对外开放水平、货运物流要素投入、物流标准化水准、政府干预。中观层面指标主要包含：地域产业布局（常用第二产业或第三产业 GDP 占有率表明）、城市化水平、产业聚集水平。而外部经济方面的指标值实属罕见，关键出现在了对物流行业的研究中，如景保峰（2012）在《基于随机前沿分析的上市物流公司技术效率评价》中等根据对物流行业开展实证研究，发觉资产要素投入及管理要素投入对货运物流公司的专业技术效率有明显危害，于冬妮（2015）在《基于超效率 DEA-Tobit 模型的物流企业经营效率评价研究》中研究了公司规模、公司股权结构、高级人才占有率对物

[①] 杨乐乐，徐超毅.物流业绿色效率发展评价研究——以山东省为例［J］.西昌学院学报（自然科学版），2022，36（03）：27-33.

流行业运营效率产生的影响，褚衍昌（2020）等人在《基于 DEA-Malmquist 和 Tobit 模型的中国物流企业效率研究——来自上市公司的经验证据》中以我国 12 家上市物流企业为例，研究了高层管理人员总数、公司类型、公司所在地级别对企业经营效率产生的影响。

危害地区绿色物流效率的影响因素有经济发展水平、产业布局、工业化发展、基础设施建设水准、城市化率、货物运输强度、运输结构、物流业劳动效率、技术创新能力等，这种也将危害绿色物流效率的方向和强度[①]。

经济发展水平、城市化率、运输结构与绿色物流效率显著性差异成反比，城市化率越高，大城市所耗费的电力能源越多，绿色物流效率水准越小。大体上平均 GDP 越大、城市化率越高，地域绿色物流效率值并不是越大，这是因为经济增长的同时容易忽略物流业的节能低碳发展趋势。公路货运货物周转量占有率与绿色物流效率的联系是显著性差异，成反比，提升绿色物流效率可进一步采取有效措施以减少公路货运货物周转量比例，提升铁路线和公路运输比例。

货物运输强度、物流业劳动效率、技术创新能力这 3 个要素与绿色物流效率展现显著性差异，成正比，这表明绿色物流的高速发展必须通过提升运送强度、提升企业年产值、增加自主创新幅度以加强物流业的增加值才得以实现。提高绿色物流低碳环保效率应由以往粗放式发展趋势向现代化和生态化发展壮大，在提升货运物流效率的前提下降低能耗和碳排放量。剖析地域绿色物流效率及变化缘故有益于为中国提高货运物流资源分配效率、减少物流业碳排放给予依据。因为各大城市不同时间范围的低碳物流效率具备比较大差别，忽略绿色碳排放管束的情况下，区域物流效率会有所提高；考虑到碳排放的大都市，其绿色物流效率会有所降低，表明在碳排放管束下，绿色

---

① 孙博行 . 我国煤炭富集地区物流业绿色效率与影响因素研究［D］. 呼和浩特：内蒙古工业大学，2021.

物流科技进步的驱动力会降低。因为低碳物流效率存有地域差异，未来将进一步研究城市物流和农产品电商对碳排放产生的影响差异性[①]。

（二）物流业绿色效率测算方法

和传统效率的研究不一样，绿色效率的计算更重要的是基于对环境保护的考虑。为了方便对行业及其行业绿色效率做出评价，研究者们给出了各种各样的计算方式，主要包含碳强度、碳排放量计算和资源环境管束中的效率计算等。碳排放和碳强度指标值更为常见的绿色效率评估方法，陆（Lu）等人（2021）在 *Green Transportation and Logistics Performance: An Improved* 中以 112 个国家和地区为研究目标，依靠碳强度指标值打造了自然环境物流绩效指数值（ELPI）和物流绩效指数值（LPI），并剖析了每个地方的收益对碳中和功效的危害。刘（Liu）等人（2021）[②] 运用我国 30 个省份的交通行业数据信息，计算了不同省区交通行业的碳排放强度，并阐述了存有的地区差异。张晶（2014）在《我国物流业碳排放区域差异测度与分解》中以在我国 2003-2011 年 30 个省（市）的物流业碳排放量为研究目标，应用 Theil 指数和地区分离出来指数，阐述了物流业碳排放地区的分布特点。刘佩（2014）在《福建省物流业碳排放驱动因素及碳排放结构变化研究》中根据对福建省物流业碳排放量度量与分析，发觉基础建设和物流信息技术发展趋势对碳排放量展现了正面影响，电力能源强度提升也会导致物流业碳强度的升高。孙小龙（2016）在《北京市物流业碳排放及其影响因素研究》中根据对北京市 2005—2014 物流业碳排放量开展计算，发现碳排放量逐年递增，2008 年之后物流业电力能源强度持续下降，物流业电力能源效率大幅提升。王倩

① 何景师，王术峰，徐兰.碳排放约束下我国三大湾区城市群绿色物流效率及影响因素研究［J］.铁道运输与经济，2021，43（08）：30-36.

② LIU J G, LI S J, JI Q. Regional differences and driving factors analysis of carbon emission intensity from transport sector in China［J］. *Energy*，2021，224：33-40.

倩（2014）在《基于系统动力学的吉林省物流行业碳足迹研究》中应用吉林省2005—2012年物流业年产值与能源消耗数据信息，获得吉林省物流业碳排放量现况，并对地域具体给出了减少碳强度的相关提议。信金涛（2019）在《物流业碳排放量驱动因素及碳排放强度研究》中对江西、广东、安徽三省的物流业碳强度展开了比照研究，并且用LMDI法做溶解解决，强调需从电力能源强度下手减少物流业碳强度。依靠碳排放和碳强度指标值对物流业绿色发展理念水准做出评价虽比较方便快捷，但存在很多不足。

第一，碳排放和碳强度单从电力能源角度考虑，无法将技术性、资产等其他电力能源资金投入考虑进去，和实际生产状况不符合。第二，碳排放和碳强度指标值不可以凸显出技术性差别。第三，碳排放指标值不可以凸显出企业年产值绿色改善水准。第四，碳排放强度指标值通常会忽视碳排放水准的转变。因为碳排放和碳强度指标值存在不足，全领域框架内的评估方法深受专家学者的热捧，尤其以数据包络分析（DEA）的应用更为普遍。

第二节　研究理论基础

一、绿色经济理论

绿色经济指的是在生产制造、流通、分派、消费环节中不伤害绿色生态环境和身体健康，又节约能源，且高效率、具备可持续发展的经济发展活动[1]。对绿色经济的认知包含以下几方面。

（1）绿色生产力：绿色生产力主要是以专业知识为载体、以经济发展绿

---

[1]　赵斌.绿色经济理论与云南中华生物谷创建［D］.成都：四川大学，2006.

色生态融洽为引领，并实现经济收益、社会经济效益、环境效益统一为主要目的生产过程[①]。

（2）环境资源是绿色经济持续发展的内生变量：在一定的范围之内，耗费环境会带来一定的经济发展。可是当发展成环境资源供应不足、环境废物接受水平下降时，经济发展也会逐渐受影响。环境与资源环境是资源转化成社会经济发展的关键因素的内生变量。

（3）效益性与生态化的统一：绿色经济对环境因素、经济因素开展资源配置，以达到本人利润最大化和社会利润最大化。因此，绿色经济不拘泥于"人与自然和谐统一"，而且总体目标为推进经济体系的效率最大化。

因而，绿色经济指的是在生产制造、流通、分派、消费全过程中必须达到环境和社会经济收益最大化，因而，绿色货运物流需要做到以下四个方面。

（1）绿色生产制造：在物流运输生产中执行绿色制造及管理，即合理安排天然资源电力能源，进一步维护环境，将废物资源化、资源化再生、无害化处理，同时也可以有效地满足大家对产品的需求。

（2）绿色流通：即最大程度降低在运输产品与流通原料中产生的蒸发、漏水、霉变、消耗等对环境和身体健康的影响。

（3）绿色分派：除开根据初次分配的方式，由国家以及社会出来肩负起环境治理、维护修补、建设中的各种各样绿色生态环境工程项目之外，还需要根据初次分配方式均衡各阶层收入，以确保中低收入者的绿色新产品的消费。在货运物流层面体现为资源回收再利用。

（4）绿色消费：一般包含性命、环保节能、环境保护购买；多次重复使用、数次运用；归类回收利用、循环再生；爱护自然，天地万物并存。货运物流应当相互配合绿色消费者的消费观念，以开展提供服务的升级创新。

---

① 剧宇宏.中国绿色经济发展的机制与制度研究［D］.武汉：武汉理工大学，2009.

二、可持续发展理论

西方国家针对可持续发展观思想上的科学研究最开始起源于 1789 年马尔萨斯所著的《人口原理》。该经典著作的主要思想为：人口增长速度按几何级数增长，而粮食作物等资源是按照算术级数提高，因为人口与资源在增长速度层面存有极大差别，人口总数早晚会超出自然资源所能接受的较大水准，终将造成挨饿或死亡等社会现象。随后的专家学者将这个观念归纳为"资源肯定稀有论"。与其相对应的乃是李嘉图的"资源相对稀缺论"。在其作品《经济学原理及地方税原理》中，他从剖析资产阶级土地收益下降规律性考虑，揭露出社会经济发展早晚要被自然资源的缺乏所遏阻。1848 年，罗伯特·费迪南德发布了《经济学原理》，书里给出了"静态数据经济发展论"。他从科学、哲学视角觉得：生态环境、人口和资本均要保持在一个避开自然资源的极限静止不动相对稳定的水准，以避免缺乏食物和艺术美的消退[1]。

可持续性发展基础理论的含义十分丰富，但都离不开社会发展、经济发展、自然环境与资源这四大系统，包含可持续性发展的一致发展、协调发展、公平发展、高效率发展和多维度发展五个方面的含义。

（1）共同发展。这个世界能够被看作一个操作系统，是一个总体，而世界里每个国家和地区是构成这个小全面的无数子系统，任何一个子系统的发展转变可能会影响到所有大系统中别的子系统，乃至会影响到全部大板块的发展。因而，可持续性发展想要的是大板块的总体发展，及其每个子系统的一致发展。

（2）协调发展。协调发展包含横向和纵向两种不同角度的协调。横向是对是经济发展、社会发展、自然环境与资源这四个要素开展协调。纵向是和空间中对每个子系统开展协调。可持续性发展的目的在于完成人与自然和谐共处，

---

① 惠玉蓉.物流业可持续发展系统分析与状态评价研究［D］.西安：长安大学，2014.

重视的是人们对于自然有程度的索要，促使自然生态链能保持稳定平衡。

（3）公平发展。每个地方在发展层面上有所差异，可持续性发展基础理论里的公平发展包括两个方面，在纵向这个时间，我们不要以危害后代的发展要求为前提而毫无底线地去耗费生态资源；在横向空间，我们不能以危害其他地区利益去满足本身发展的需要，并且一个国家的发展不要以危害其他国家发展为前提。

（4）高效率发展。人和自然的和谐共处并不等于大家一味以保护生态环境为目的而不发展，可持续性发展需要我们在保护生态环境、节约能源的前提下推动社会高效发展，即经济发展、社会发展、自然环境与资源间的协调合理发展，进而推动经济高质量发展。

（5）依实发展。不同国家与地区发展水准存有较大差别，同一国家地区在社会以及文化方面也存在一定的差别，可持续性发展注重综合性发展，每个地方可根据自身的具体发展情况考虑，结合自身实际开展多维度发展。

可持续性发展观点是对国家发展进度的规范性基础理论，"既满足现代人的需要，又不对后代人满足自身需要的能力构成危害的发展"，这一权威性界定变成可持续性发展的现代逻辑根基。伴随着可持续性发展现代逻辑的健全，学术界就不断发展包括三方面的发展达成了共识，即经济发展的可持续性、社会发展的可持续性和生态发展的可持续性，要完成三个领域内的协调统一，才有可能完成可持续性发展[1]。

可持续发展基础理论对我国经济发展具备现实生活的指导意义。作为全球人口第一大国，发展中国家，如何有效地合理利用资源，从而使经济发展跃上一个新的高度，一直是我国专家探索的课题研究。仅有渗透到"可持续发展"发展战略，才能真正地在符合时下市场需求的与此同时，为后代的高速发展留有资本。

---

① 李扬.基于可持续发展理论的我国公路交通发展模式研究［D］.大连：大连海事大学，2013.

三、生态经济理论

中国生态经济理论基础研究发展于 1980 年。1984 年再进入活跃性环节。20 多年以来，中国生态经济学紧随全球生态经济学的脚步，把可持续发展理论与股份制改革基础理论等最新理论融进生态经济学中，并逐渐把生态经济学从最开始的农牧业生态经济学范围扩张成一个完整的理论体系和扩大到好几个支系行业，如大城市生态经济学、度假旅游生态经济学、网络资源生态经济学、公司生态经济学、节能环保产业科学研究等。中国的生态经济理论基础研究正迈向理论和实际的紧密联系 [①]。

生态经济作为一种可持续发展的经济体制，以经济和生态做到稳定平衡的发展规划，体现为经济发展生态化、生态良好化。其核心内涵可归纳为下列三个方面。

（1）生态经济是我们在目前环境下可以相对合理摆脱社会经济发展与人口增加、资源约束、空气污染及生态衰退等一系列不容乐观难题而选择的一种理想化经济形态、经济体制。

（2）生态经济有别于过去的经济体制、经济形态的本质属性，它和以往经济体制、经济形态的核心区别就是，它并不因社会经济发展为唯一总体目标，并不是简单地追求现阶段人类社会发展的福利，反而是注重在保证经济增长的同时，进一步确保跨代公平公正，切实保障生态全面的完好性、容纳性和可持续。从源头上革除过去纯粹向大自然索要而毁坏生态的错误观点和方法。

（3）生态经济的含义有广义与狭义差别。理论上说，是地球上生态圈里人类经济发展活动之和，涉及生态、经济发展、社会发展三大系统方面。以生态环境改造和社会发展为基础，必须遵照生态学。依托生态学规律，通过创建人类与自然共处的生态系统，从而实现经济收益、社会经济效益、生态

---

① 王万山. 生态经济理论与生态经济发展走势探讨［J］. 生态经济：2001（5）：14–16.

经济效益可持续发展的高度统一。从广义说，就是指人们为了加强生态维护所采取的一系列经济活动之和[①]。

第三节　发展绿色物流的意义

伴随着全球经济一体化发展趋势，保护生态环境、节约资源与提高效益被世界高度关注，我国进到"十四五"阶段，碳达峰、碳中和成为各行业的聚焦点，以双碳为目标引领发展趋势是贯彻执行五大发展理念之一"绿色"发展战略。物流作为经济发展活动的一部分，绿色物流在当代物流中占有重要的地位。现阶段，在我国道路运输行业，碳排放总产量已占全国各地碳排放总数的10%，特别是交通运输在道路运输整个行业碳排放里的占有率大约为80%，因而交通运输物流行业绿色化转型升级拥有积极意义。

一、解决物流发展和生态环境保护间的矛盾难题

当代物流活动的诸多方面都对自然环境导致不良影响，这类危害的水平伴随着社会经济发展而加重，会对国家社会经济可持续发展观造成负面影响。随着世界大市场经济一体化发展趋势，物流的作用日益关键，绿色的浪潮造福的不仅仅是生产制造、营销和交易，物流的绿色化也应当提及日程上去。要切实增强对绿色物流的政策及思想体系的建立完善，对物流系统目标、物流设备和物流活动机构等方面进行改善与调节，完成物流系统软件的总体最优控制和对环境最少危害，将有助于在我国物流管理方法水平的提升，还有助于保护生态环境和推动经济可持续发展观。

---

① 蔡侃. 生态经济理论与中国产业政策导向［D］. 上海：东华大学，2010.

二、促进绿色逻辑思维能够更好地融入社会

绿色物流是当代物流学、生态经济学、环境工程学等多学科的交叉式，在整个社会，物流无所不在，所以，我们要将绿色观念和物流紧密结合，让绿色物流融进我们的生活中，让人们对绿色核心理念所产生的社会效益和经济效益了解得更加深入，以促进绿色逻辑思维能够更好地融进如今的社会。

三、为企业给予有着长久核心竞争力解决方案

伴随着可持续发展观发展战略变成经济增长的大势所趋，企业务必姚结合自己的发展趋势具体，制定绿色的发展理念，以应对日益激烈的竞争，并将给企业产生无形使用价值，如企业品牌形象、信誉度、义务等都可以产生正脸实际效果。企业执行绿色物流在取得 ISO14000 自然环境认证体系层面具有一定的优点，而获得 ISO14000 是中国企业进到世界舞台的必要条件之一，能有效地消除世界各国的绿色壁垒。

四、搭建绿色物流管理体系会带来一定的经济收益

绿色物流发展战略为企业塑造积极主动的企业品牌形象，进而为企业带来更多的市场机遇；选用绿色物流战略，企业会根据对资源的合理利用、对运输节点的理论计划和合理配置，将物流成本费降到最低；并且通过对当前资源回收利用、重复使用等反向物流方法，企业的材料成本能够大幅度降低，顾客服务获得升值，竞争能力获得明显提高。

第四章 海上丝绸之路经济带绿色物流发展现状分析

第一节 福建省绿色物流发展现状分析

一、福建省物流业发展现状

福建省作为21世纪海上丝绸之路中心城市和海峡西岸经济开发区的主体，东与台湾岛相邻，南与广东珠江三角洲相接，与澳门特区、香港特区交往便捷，是"两岸三通"的必由之路。除此之外，福建省处在长江三角洲、珠江三角洲的经济带中心，是沪、粤两大航运中心的辐射均衡点，做大做强物流业是优化资源配置、进一步增强福建省经济实力的有效需求。

近些年，福建省经济形势稳中有升，为经济高质量发展提供了强有力的支撑。2021年地区生产总值由2009年的12418.09亿元人民币提高到48810.36亿元人民币，比去年增长10.65%（如图4-1所示）。其中，第一产业增加值为166.93亿元人民币，比去年增长5.76%，占地区生产总值的5.94%；第二产业增加值为2697.89亿元人民币，比去年增长11.80%，占地区生产总值的46.85%；第三产业增加值为2336.99亿元人民币，比去年增长

10.14%，占地区生产总值的 47.22%（如图 4-2 所示）[①]。

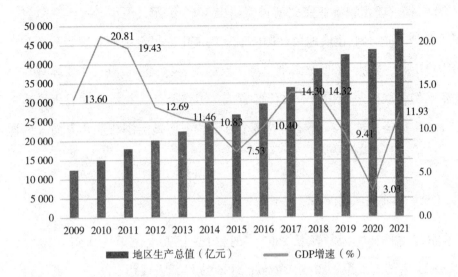

图 4-1　2009—2021 年福建省 GDP 及增速变化趋势（亿元）

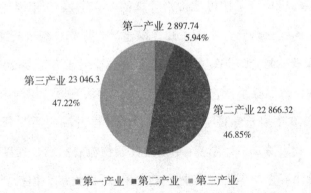

图 4-2　2021 年福建省三大产业生产总值及占比情况

① 福建省统计局. 福建省统计年鉴 2009—2021.［EB/OL］.http://tjj.fujian.gov.cn/xxgk/ndsj. 本章下文关于福建省的相关数据没有特别标注的，均来自于历年福建省统计年鉴.

福建省物流业与经济发展协调并进，总体保持平稳适度的增长态势，到 2021 年，现代物流业完成增长值超出 3000 亿元人民币，占生产总值比例达 7.7%；基本上建成地区性国际航运物流中心、大宗商品现货分拨和仓储物流中心，变成 21 世纪海上丝绸之路的主要物流连接点；主要体现在物流要求经营规模不断扩张、物流经营成本迟缓降低、物流业发展水平逐步提高、货运运输能力不断提高等多个方面。下面重点围绕这几方面开展详细描述。

（一）物流需求规模不断扩张

福建省社会物流总额从 2007 年的 20109 亿元人民币提高到 2010 年的 31153.31 亿元人民币，2015 年做到 55385.03 亿元人民币，2019 年更是超出 10 万亿（以当年价格测算）。社会物流总额的稳步增长，体现出福建省物流要求规模不断扩张。

图 4-3 中曲线描绘了按可比价格计算的 2007—2019 年福建省社会物流总额增长速度的变化趋势。由图可知，福建社会物流总额增长速度呈上升 - 降低 - 迟缓降低的特点。福建社会物流要求规模并没有遭受 2008 年金融风暴产生的影响，依然在扩张，在政府推广的"搞活流通、拉动内需"现行政策驱动下，2010 年增长幅度达到 18.2%，短暂性升高之后又开始呈下降趋势。和全国对比，除 2007 年，往年福建社会物流总额增长速度均高过全国增长速度。总而言之，福建物流业要求规模在不断发展，但扩展速率呈下降趋势。

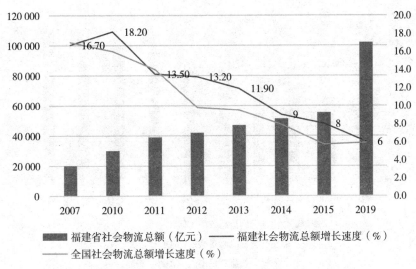

图4-3　2007—2019年福建省社会物流总额及其增长速度

（二）物流运营成本缓慢下降

如图4-4所示，福建省社会物流总费用逐年递增，到2015年社会物流总费用达到4414.19亿元人民币，社会物流总费用已经超过5400亿元人民币。可喜的是，虽2012—2013年福建省社会物流总费用与GDP的比例略微回暖，2013年开始进到持续下降环节，社会物流总费用占GDP的比例由2010年的17.4%下降至2019年的15%。但这不难看出，福建省物流使用效率稳步增长，企业物流成本费持续下降，物流行业"降低成本"成果不断显示。与全国对比，2010—2012年期内，福建社会物流总费用占GDP比值低，表明在此期间福建经济形势成本费相对比全国略低。从2013年开始，全国社会物流总费用占GDP比值骤降，从17.3%坠落到14.7%。彼时，福建社会物流总费用占GDP比值高过全国。由此可见，全国经济形势成本费在迅速降低，而福建降低速度比较慢。

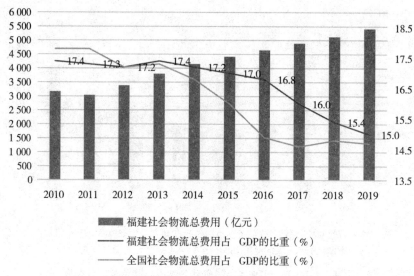

图 4-4　福建省社会物流总费用及其占 GDP 比值情况

（三）物流业发展水平逐渐提升

作为服务行业不可或缺的一部分，福建省物流业在推进第三产业的发展中发挥了举足轻重的功效。如表 4-1 所示，福建物流业①增加值一直逐年上升，证明其物流业发展水平在明显提高。物流业增加值从 2010 年的 846.83 亿元人民币提升到 2021 年 1772.74 亿元人民币。但是，物流业增加值占全国各地物流业增加值的比例展现逐渐迟缓下降趋势，由 2010 年的 4.15% 下降至 2021 年的 3.77%。除此之外，福建省物流业增加值在第三产业增加值中的比例在所有研究期内是呈轻缓下降趋势，这寓意与第三产业中别的子行业对比，物流业竞争能力在呈下降趋势，如图 4-5 所示。假如福建物流业发展水平不可以有所提高，将无益于人民生活水平的提升。

---

① 因为现行标准统计口径中，并未对物流业最直接的信息进行统计分析，而交通运输、仓储和邮政业是一般物流业不可或缺的一部分，故笔者选用审计局的调查信息中"交通运输、仓储和邮政业"的信息代替，文后有关物流业的有关统计信息也均按这种方法开展统计分析。

　　从福建物流业增加值、增加速度及占 GDP 比值可以看出，2010 年福建省物流业发展水平提升速率发生很大起伏，起伏发展趋势展现"V"字发展趋势，其中，增速提升较大的是 2017 年，做到 10.5%，这表明在 2017年福建省实施的"供给侧改革""交通运输结合发展""供应链系统基本建设""示范性物流产业园评比""物流信息化推动""现代物流发展"等相关政策和措施的激发下，物流业发展速率也获得了加快。但是 2017 年以后，物流业发展速率又开始降低，这就意味着物流业发展不可以单靠现行政策环境因素刺激性。

表 4-1　福建物流业增加值、增加速度及占 GDP 比值

年份	福建省交通运输、仓储和邮政业增加值（亿元）	全国交通运输、仓储和邮政业增加值（亿元）	福建增加值占全国增加值的比重（%）
2010	846.83	18783.6	4.51
2011	885.84	21842	4.06
2012	943.01	23763.2	3.97
2013	979.59	26042.7	3.76
2014	1037.93	28500.9	3.64
2015	1110.2	30519.5	3.64
2016	1184.67	33028.7	3.59
2017	1309.33	37121.9	3.53
2018	1376.22	40337.2	3.41
2019	1484.58	42466.3	3.50
2020	1502.33	40582.9	3.70
2021	1772.74	48423.9	3.66

　　数据来源：福建省统计年鉴 2010—2021、中国统计年鉴 2010—2021。

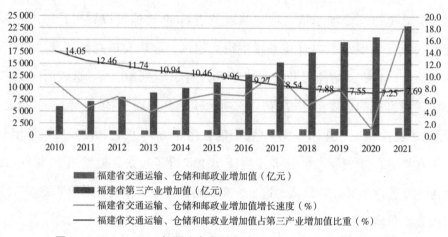

图 4-5　2010—2021 年福建省交通运输、仓储和邮政业增加值情况

（四）货物运输能力不断提高

自 2010 年以来，福建省综合交通运输体系逐步完善，交通基础设施规模持续增长，运送能力明显提高，服务质量逐步完善。全省铁路线经营长度、公路全线通车里程数逐渐增长，截至 2021 年，铁路营运长度达 3983 公里，公路通车里程达 111031 公里。从货运量情况看，福建省货运量从 2010年的 66159 万吨稳步增长到 2021 年的 166131 万吨，增长了 2.5 倍；货物周转量从 2983.52 亿吨公里增长到 10164.2 亿吨公里，增长了 3.4 倍，主要港口吞吐量从 32687.01 万吨增长到 69190.28 万吨。邮电业务总量从 1194.2 亿元提升到 1005.31 亿元。由于电商的快速发展，快递业务得到飞速发展，从 2010 年10069 万件增长到 2021 年的 415012.26 万件。如表 4-2 所示。

表 4-2　福建省交通运输和邮政业务情况汇总表

年份	铁路营运长度（公里）	公路通车里程（公里）	货运量（万吨）	货物周转量（亿吨公里）	主要港口吞吐量（万吨）	邮电业务总量（亿元）	快递业务量（万件）
2010	2110	91015	66159	2983.52	32687.01	1194.2	10069
2011	2110	92322	75272	3404.11	37278.95	513.5	15765
2012	2255	94661	84417	3877.73	41359.23	594.9	22594
2013	2743	99535	96718	3943.77	45475.19	667.54	44536
2014	2755	101190	111779	4783.48	49166.24	857.49	65417.31
2015	3197	104585	111063	5450.96	50282.09	1065.89	88786.2
2016	3197	106757	120379	6074.83	50776.09	889.21	128985.77
2017	3187	108012	132252	6785.16	51995.49	1289.86	166110.69
2018	3509	108901	136974	7652.89	55806.88	2523.03	211613.44
2019	3509	109785	133693	8296.62	59483.99	3880.76	261951.28
2020	3774	110118	139927	9020.34	62132.47	4764.94	343189.82
2021	3983	111031	166131	10164.2	69190.28	1005.31	415012.26

　　进一步比照福建省铁路、公路、船运和航空公司运输方式的货运量，不难发现，公路货运量最大，远远高于别的运输方式，而航空货运不仅花费非常高，且货运量最少，远远低于别的运输方式。从福建省货物周转量来说，水路货物周转量最大；其次是公路货物周转量，航空公司货物周转量依然极低。从福建省货物周转量来看，水路货物周量最大；其次是公路货物周转量，航空公司的货物周转量依然极低（如表 4-3 所示）。

表 4-3　2010—2021 年各种运输方式下的货运量及货物周转量

年份	货运量（万吨）					货物周转量（亿吨公里）				
	合计	铁路	公路	水路	航空	合计	铁路	公路	水路	航空
2010	66159	3765	45575	16803	16	2983.52	184.2	578.32	2010	66159
2011	75272	3826	52558	18872	17	3404.11	187.93	659.52	2011	75272
2012	84417	3868	59431	21100	18	3877.73	181.1	771.09	2012	84417
2013	96718	3661	69876	23162	19	3943.77	164.81	821.44	2013	96718
2014	111779	3403	82573	25782	21	4783.48	149.8	974.8	2014	111779
2015	111063	2820	79802	28419	22	5450.96	128.71	1020.25	2015	111063
2016	120379	2918	85770	31668	23	6074.83	129.45	1094.7	2016	120379
2017	132252	3175	95599	33453	25	6785.16	135.9	1214.05	2017	132252
2018	136974	3518	96576	36854	27	7652.89	147.35	1289.52	2018	136974
2019	133693	4086	87317	42263	28	8296.62	191.61	962.48	2019	133693
2020	139927	3750	91137	45018	23	9020.34	180.9	1021.69	2020	139927
2021	166131	5112	110777	50224	18	10164.2	201.32	1233.16	2021	166131

二、福建省绿色物流发展实践探索

福建是全国首个绿色发展理念示范园区，也是"21世纪海上丝绸之路"建设中的新征程，为福建的物流发展提供着无可替代的机遇。如前文所述，2010年迄今，物流业呈平稳适度发展趋势，物流量与用人单位物流成本"双高"，这不但导致社会发展成本费相对性高，且相对应的自然环境成本也非常大。而降低物流成本，进行货运物流资源化，一方面要进一步降低社会发展物流成本和提升运输效率；另一方面也要降低总物流量。因而，福建省积极推进并制定了一系列对策以推动物流业的资源化和绿色化发展。

（一）基本建设综合交通枢纽，推动多种运输工具连接

"十三五"以来，福建省根据大流通思想，加强协调，加快公路、铁路、港口、机场、管道运输等有关物流资源的规划整合，推动了海、陆、空、铁等各类运输工具的融洽配合，改善了运送资源组成和合理布局，从整体上降低了物流活动量，实现了物流减量化、绿色化发展。主要措施有：

（1）加快对"两汇聚两分散化"港口整合基本建设，将福州港、宁德港整合为福州港；将泉州港、莆田港整合为湄洲湾港；整合原厦门港、漳州港和厦门港，重点建设项目大型集装箱和干散货港口泊位及疏运公共服务设施，加快构建三明陆地港、龙岩陆地港、晋江陆地港等各项货运物流枢纽工程。现阶段，沿海港口已初具规模效应，全省沿海港口吞吐量超过 4 亿吨，沿海港口拥有停靠在 30 多万吨干散货集装箱船、30 万吨级油轮、15 万吨级集装箱船、14 万吨级邮轮及两万吨级滚装船的运载水平。

（2）加快构建以高铁动车、高速公路为主体的跨省交通走廊。截止到 2019 年底，全省高速公路全线通车里程数为 5347 公里，铁路运营里程为 3509 公里，逐步完善了公路、海运、铁路线、中国民航局、管路等不同的运载工具相结合的综合交通运输管理模式。

（3）积极主动发展趋势公铁、公水、海铁、空陆货运。借助向莆、赣龙等铁路，促进公铁联运物流枢纽的建立；推动建立海铁联运协调机制，加快与港口、空港以及公、铁节点功能互动的交通物流基地建设，重点加速推进以福州、厦门海运集装箱临港为支撑的现代物流场站基本建设。此外，引导货运物流公司（或物流园区管理员工）在铁路线货运站、临空旁合理布局公共型物流园区（核心），为智慧物流现代物流无缝衔接预埋件发展机遇。

（4）推动交通物流公共信息平台基本建设。2011 年 5 月，福建省开通了

竖向连接我国道路运输货运物流公共信息分享平台，横向对接经贸、钢材、铁矿石等其他专业性货运物流公共信息平台的交通物流公共信息平台。该平台积极主动构建货运信息集散中心平台，整合发布需求信息内容，完成一手货源和汽车资源的连接买卖，合理节省了社会物流成本，提高了仓储物流中心大城市配送集散点水准。截止到 2014 年 2 月，该平台在三明公路港、建宁闽赣物流园区、南平德峰公路港等 9 家货场站试点公路港方法，在盛丰、宏捷等 13 家带头物流企业试点当今物流管理模式。

（5）深入推进绿色港口基本建设。2020 年 12 月 10 日，在由中国港口协会、国家交通运输部天津水运工程科学院联合主办的"2020 绿色港口交流会"上，厦门港口码头集团公司海天码头喜获"四星级"绿色港口头衔，这标志着海天码头推进港城协同发展迈入新阶段。

（二）推广节能低碳运载工具，推动"电动福建"基本建设

为促进物流业绿色化发展，福建省严把车辆节能减排准入关，加强了绿色运输设备的全面推广，引导企业购置具备先进技术的轻质化车辆及专业化运输车辆。根据改进技术也可采用更前沿的货运物流方式方法，降低货运物流活动对环境的直接污染或损害。此外，加速推进清洁能源、新能源汽车在道路运输中的应用。据我国国家交通运输部、国家发改委权威专家团组定，福建省车辆运输有限公司、泉州货运公司总部等 6 家符合国家天然气营运车辆节能减排主题项目申报标准的道路运输企业总计 491 辆天然气营运车辆，2013 年共产生替代燃油量 11398 吨，约减少二氧化碳排放量 8326.3 吨。2016 年 12 月 14 日，在国家电网福建电力工程的驱动下，福建省第一个高压船舶岸电示范项目在厦门远海港口物流公布投入使用，使该海港变为国内首个真正的全电动、零排放、全自动海港。该项目每年能够实现替代耗电量 150 万千瓦时，减少燃料消耗 300 吨，节能降耗二氧化碳 951 吨、硫氰酸钾和氮

氧化物 4.8 吨。

在绿色物流园区建设上，福建省以厦门、福州、泉州三个全国一、二级物流园区合理配置大城市货运物流枢纽基建项目为基础，以生态设计、智能化系统、经济全球化为主要目的，加速推进福州保税区物流园区、前场铁路线大中小型货站等 15 个综合型物流园区，三明公路港等 52 个货运物流（派送）中心整体规划。与此同时，进一步融合港口城市和晋江市、龙岩、南靖、福建武夷山等 4 个陆地港资源和结构，提升地域物流园区、公路港发展趋向整体规划，加速推进了福州晋安仓储物流中心、南平闽北公路货运物流枢纽、泉州晋江市陆地港等 11 个中国交通运输部"十二五"公路货运物流枢纽（物流园区）规划项目，福州华威公路港物流园区、湄洲湾莆田物流园区等 27 个重点的建设进度，逐渐搭建层级清楚、功能齐全、对接畅通的货运站连接点管理体系，支撑点智慧物流发展趋势。此外，在加快总体规划综合型货运运输枢纽、文化性服务型物流园区的前提下，福建省还积极拓展运送节点综合性服务能力的相关指标，进一步促进运送连接点在综合交通运输管理体系中实现更高效率、提供更优服务。

（三）大力开展甩挂运输，提高道路货运和物流效率

据全球资源学院统计分析，交通行业的 CO_2 排量约为全世界总排量的 1/5。据全球最大上市咨询企业——埃森哲的研究，物流行业 CO_2 的排出主要来源于运送能源消耗和仓储中心工程建筑能源消耗，占比分别是 5/6 和 1/6。为了可以促进货运物流在福建省社会经济发展中获得更多作用，2011 年福建省出台了《福建省促进甩挂运输发展实施意见》，依据政策保障，促进甩挂运输发展；与此同时，为破解甩挂运输商业用地及资产难点，第二年福建省交通运输厅建立了试点企业车辆购置补助资金管理方案政策，扶持了一批具有一定企业规模、具备甩挂工作需求场地、设备信息化智能化运作规

范、具有稳定甩挂运输业务需求、可以起到一定表率作用、具有代表性的大小型甩挂运输龙头企业。甩挂运输的发展，相对减少了牵引车配置数量，不仅降低了购车成本，而且节能减排成效明显。仅 2011 年，福建省新增加车辆就节约了买车资产近 2 亿元人民币，节约燃耗成本费约 1.4 亿元人民币，降低 CO_2 排出约 1.1 万吨级。据泉州市统计分析，至 2013 年，泉州市有甩挂运输试点公司 5 家，其中，国家级别试点公司 3 家，省级试点企业 2 家，试点企业牵引车 353 辆，挂斗 599 辆，开展道路甩挂运输配电线路 23 条，公铁联运甩挂配电线路 7 条，配电线路辐射全国 17 个省份、市辖区和本省各市县。根据基本上测算，试点两年间，泉州市共节约用煤量 1530 吨，降低 CO_2 排出 3320 吨[①]。

（四）构建城市绿色配送管理模式，鼓励开展产业化配送方法

据统计，福建省本省产品 90% 以上商品流通时长用于仓储物流、运送、外包装、配送等流程上，尾端配送成本费用占物流行业成本的 30% 以上，很多社会经济发展能源消耗在"最后一公里"上。为了解决这一牵制城市配送持续发展的较大短板，福建省在全国范围内"一同配送"试点城市厦门市展开了示范点，在健全配送管理体系、自主创新配送方式、运用现代科技、推进对台协作等多个方面获得了提升，大幅提升了城市配送高效率。据统计，现阶段厦门市登记注册的网商约达 17500 家，从业 B2B 买卖公司约 4000 家，从业 B2C 网络零售公司约 1000 家，货运物流供不应求。因而，厦门积极在电子商务物流配送七层协议方面开展示范基建项目，选用"分拨中心加尾端配送网站"配送方式，在陆、空枢纽站创建分拨中心，厦门药业站闽西南医药配送互联网核心区中心、象屿货运物流配送中心、万翔冷链运输中心、福

---

① 李碧珍，林湘，杨康隆.福建省绿色物流发展的实践探索及其模式选择［J］.福建师范大学学报（哲学社会科学版），2015（1）：36–43.

建海西电商物流仓储一站式服务中等水平 4 大城市及城际铁路配送中心,建设了小禁区、象屿二期 2 个立足于城市配送的物流产业园,与交易市场结合的生鲜产品、冷链运输、医药等大型物流中心 8 个;新开设 59 个规划区尾端配送网站,一同配送涉及面超出 60%,大大提升了城市配送高效率。这类配送方式高效地降低了城市货运物流配送阶段,能够降低货运物流运转的成本费。据统计,2013 年厦门网络零售额约达 60 亿元人民币,其中,限额以上电商零售额达 36 亿元人民币,提高 1 倍,而配送车子资金投入则下降超出 10%,执行城市一同配送公司降低运营成本约 20%;一同配送后药业一同配送率为 86% 之上,物流运费减少了 30%;生鲜食品一同配送门店物流成本减少 5%,粮价降低 10%—25%。

(五)培养绿色运送发展战略和服务技能,切实健全绿色货运物流有关法律法规

绿色交通发展已依次纳入福建省"十三五""十四五"交通出行建设规划。福建省以"同心齐力绿色环保绿色,同创青山绿水"为切入点,立足于充分发挥各道路运输网站、直播和报刊等互联网媒体,积极运用微博、互联网技术、新闻早晚报等网络新媒体,广泛宣传绿色环保形势和绿色环保政策方针、法律法规,全力散播绿色循环系统绿色道路运输发展战略。

2009 年迄今,福建省人民政府相继出台了《福建省加快逐步完善绿色低碳循环发展趋向社会体系实施方案工作方案》《福建省"十二五"绿色环保和循环经济发展整体规划工作方案》《福建省运输结构调整工作实施方案工作方案》《福建省贯彻落实"十四五"冷链物流发展规划实施方案工作方案》《福建省"十四五"机械制造业高质量发展整体规划工作方案》等一系列政策,扶持绿色物流相关行业的发展。省贸委、财政厅官网增强了物流关键扶持项目资金管理,并协国家发改委设立了《促进当今物流业发展趋向行动计

划（2012—2015）》。国家发改委加大了对物流业调整和振兴的力度，积极推动物流新项目的建设。省交通运输厅颁布了货运物流核心区货运站、物流产业园（公路港）基本建设投资补助资金管理办法，大力支持大中小型现代物流企业的发展，促进大小型物流企业产业化、产业发展、规范化经营。省外经贸厅增强了对陆地港的政策扶持，另外在国际服务贸易中物流公共信息平台基本建设也给予资产补贴。福州、漳州、莆田、龙岩、建瓯、田地等县市也依次颁布了给予货运物流行业企业在商业用地、税收奖励、A级物流企业奖励、项目资金、运输工具、航空货运、信息化管理、品牌文化建设、公路港等方面扶持政策……以上制度的陆续颁布，为绿色物流业的高速发展塑造了较好的经济环境，有利于物流企业稳步发展。福建省统计公报表明，截止到 2021 年底，经工商注册的全省道路运输、仓储物流和邮政行业等货运物流外国投资公司工商注册数做到 683 家[1]，这些物流企业注册类别包含运输业、货物搬运和运输代理、物流业、邮政快递包裹业等几种商圈。根据联合国人口数据表明，截止到 2020 年底，交通运输就业人群总数保证 202158人，这类城市交通运输业毕业生就业人员类别包括高铁线路运输业、公路运输业、水上运输业、国际航空公司运输业、管道运输业和邮政行业等[2]。全省物流企业展现了当地物流企业和外界著名物流企业、国有制物流企业与私营物流企业共同进步的优良布局，推动了全省物流业总体能力的提高，促进了全省物流业健康迅速发展。

---

① 统计局.福建省统计年鉴 2022.

② 统计局.国家统计局 2020.

三、福建省海上丝绸之路绿色经济带有关物流的发展现状

福建省位于中国东南沿海，是海上丝绸之路的主要起始点，是连接台湾海峡东西岸的关键安全通道，是太平洋西岸航道南北通衢的必经之地，也是海外华侨和台港澳同胞的重要祖籍地，历史时间光辉，区位优势与众不同，并且具有民营企业比较发达、海域经济能力优良等绝对的优势，在建设 21 世纪海上丝绸之路方面具有十分重要的位置与作用。

（一）发展状况

作为"21 世纪海上丝绸之路"中心城市，福建省在同一个"一带一路"国家的合作层面获得了突出成果。2018 年，福建省沿海地区港口完工万吨及以上的泊位 181 个，港口货物吞吐量 5.58 亿多吨，提高 7.3%，其中，集装箱吞吐量 1647 万标准箱，提高 5.3%；开行中欧国际货物运输国际联运 176 列，新开通福州港至成都、莆田湄洲湾港至萍乡、厦门港至江西的海铁联运国际联运；"数据福建"建设有序推进，"海丝"通信卫星数据服务中心完工交付使用。数据共享大力加强，水上合作战略枢纽功效突显。福建省以"丝路海运"知名品牌为媒体，吸引住"一带一路"沿途港口添加"丝路海运"管理体系。厦门港、福州港累计与国际 18 个港口缔约为友善港，今后将逐步推进与东南亚地区、东北亚地区、东亚、中亚国家、阿拉瓦、南太、欧美国家等的中国联通，产生国际运输服务体系。福建省与印度尼西亚共创"两国双园"，着力打造产业互联、设备相通、现行政策互惠互利的"双园结队"合作体制，推动国际性全产业链职责分工合作。以此作为示范性，龙岩市正和葡萄牙共创"两国双园"，扩展新能源技术与稀有金属生产加工合作。漳州市正和泰国共创"两国双园"，充分发挥华侨之乡优点，推进彼此经济贸易、高新科技、文化艺术、旅游等行业合作。

在经济贸易合作行业，已举行 19 届的福州海交会审核批准改名为"21 世纪海上丝绸之路展览会暨两岸经济贸易展销会"，变成推动"一带一路"和 21 世纪海上丝绸之路中心城市建设的主要全球性经济贸易合作服务平台；2018 年，福建省办理备案境外投资公司 194 家，对外开放投资总额 55.2 亿美金，同比增加 57%。福建与"一带一路"沿途国家地区进出口贸易额达 3946.2 亿元人民币，同比增加 10.7%。

（二）基础设施建设

加速规模化、系统化、产业化港口群建设，多管齐下打造出"三集两散两液"关键临港，融合港口航道网络资源，扩展港口综合性服务能力。关键加速厦门东南方国际航运中心建设，提高在国际运输网络里的核心社会地位。强化和海上丝绸之路沿途国家与地区港航合作，促进沿海地区港口与沿途关键港口缔约友善港口，激励港口、航运企业互设子公司，推动港口合作建设，增开海上航线飞机航班。勉励本省公司参加"一带一路"国家的航运业产业基地、港口物流产业园建设和经营，吸引住海外港航公司来闽合作建设港口物流产业园与专业物流基地，吸引内陆地区省份来闽合作建设飞地港。加速厦门国际性于家堡高铁站建设，争取开通福建－中国台湾－中国香港－东盟国家邮轮线路。积极主动发展平潭县游轮旅行服务项目，关键开拓闽台旅游经济。

推动厦门新机场建设，加强厦门机场地区核心区作用，将厦门建设成在我国至东盟国家国际航班中转地；加速福州飞机场第二轮扩建及二期改建工程建设，加强门户网枢纽机场作用；推动泉州北京新机场、武夷山机场搬迁等整体规划建设。积极主动扩展海外航道，支持世界各国国际航空公司新开和增开福建至东南亚地区、东亚、阿拉瓦、非洲、欧洲地区等重要城市国际航线，开通与东盟十国的航道。改进航空公司与度假旅游、商务会展的合作体制，适用航空公司开展包机服务、商务办公管理等。

提升以港口集疏运体系为主要内容的路运安全通道建设，推动港口与铁路、快速公路、飞机场等交通运输方式的紧凑对接。积极主动扩展港口核心区，激励发展趋势"陆地港"、现代物流，建设服务项目西部地区对外开放开摆的关键出航安全通道。创建由铁路、港口主管部门与企业共同努力的商谈体制，大力推广海铁联运。加速建设衢（州）宁（德）铁路、吉（安）永（安）泉（州）铁路、福（州）厦（门）铁路高速铁路等铁路安全通道，及其宁波至东莞、莆田至炎陵等快速公路，健全疏港铁路、公路互联网，进一步顺畅福建连接长三角、珠三角和西部地区的陆上运输经济带。

（三）低碳减排

加强福州和厦漳泉 2 个城市圈迅速通勤圈搭建，借助快速铁路、城际铁路、快速公路等，进一步完善闽东北、闽西南两大协同发展区综合交通基础设施数据共享互联网。提升市政道路性能和路网结构，推动"小商业街、密公路网"城市街区建设，统筹推进车辆、公路、市政道路及附属工程智能化系统更新。贯彻落实公交优先发展战略规划，营销推广以城市公共交通为出发点的开发（TOD）方式，开展路人友善型大城市建设，打造出以城市公共交通和快速公交为技术骨干、常用公交车为主体、慢行交通为延展的低碳出行管理体系。预计到 2035 年，城镇居民低碳出行占比高于 75%。加速绿色交通基础设施建设，主动打造出绿色公路、绿色铁路、绿色航线、绿色港口的绿色临空。

第二节 浙江省绿色物流发展现状分析

一、浙江省物流业发展现状

浙江省位于沿海地区，为物流业的发展增添了比较好的区位条件，并且浙江省的经济实力和制度的帮扶为物流业的发展起着至关重要的作用，完备的基础建设，物流行业体量的日益壮大及其信息化管理水平的提升推进了物流业的发展。

浙江省的物流业产生于19世纪后半期到20世纪，鸦片战争后宁波作为沿海开放城市之一，其他国家大量产品和资产进到浙江，推动了浙江省小农经济的分裂。20世纪初，开办航运业、铁路线的潮流在浙江兴起，为物流业的兴起和发展奠定了基础。

浙江省现代化物流业产生于21世纪。2001年，浙江省开始出现以"物流企业"名称注册登记的企业。虽然也有很多人猜疑这类物流企业是否具备真正意义上物流企业的特点，但至少可以肯定的是，彼时确实有一部分企业是依据当今物流的经营理念来构建的。之后越来越多传统运输企业、仓储物流企业以及邮政快递包裹企业等物流企业开始向第三方物流企业转型升级，行业之间的界限越来越模糊，产业协同发展也在火热来袭，物流产业产值飞速发展，产业布局和服务模式慢慢提高，对于促进全省社会经济发展、加快产业结构升级起到了十分积极主动的推动作用。"十三五"迄今，浙江物流着眼于供给侧改革，更加注重国家物流中心城市基建项目、物流控制成本综合型示范点等重点工作部署，重大项目建设稳步推进，物流基础建设、组织效率等各项目标指标进行情况优质，物流业发展取得了显著成绩。

（一）社会物流经营规模不断扩张

2009 年，浙江省社会物流总额 5.8 万亿元；2010 年，浙江省社会物流总额 8.75 万亿元，年增加达到 51%。2016 年，社会物流总额 13.93 万亿元，到 2019 年做到 17.93 万亿元，比 2018 年提高 5.9%，社会物流总额稳步增长体现出物流市场需求的稳步增长，如图 4-6 所示[①]。

图 4-6　浙江省历年社会物流总额

从往年全省社会物流总额组成来看，社会物流总额组成包含工业用品物流总额、外省注入货品物流总额、进出口货物物流总额、农业产品物流总额、再生能源物流总额与单位与住户物件物流总额这六个部分。占比排前三是指工业用品物流总额、外省注入货品物流总额和进出口货物物流总额。2016 年，工业用品物流总额达 10.7 万亿元，占 76.88%，同比增加 6.2%；2018 年和 2019 年的占比都能保持在 75% 之上。

其次是外省流入货品和进出口货物，2016 年，这两项的物流总额分别是 2.2 万亿和 0.65 万亿元，占物流总额的 15.76% 和 4.69%，2018 年占物流总额的 15.76% 和 16.54%。接着是农业产品物流、再生能源物流，2016 年总额为 0.23 万亿、0.01 万亿元，各自占比 1.65% 和 0.09%，同比增加 18.4% 和 10.7%。其中，单位和住户物件物流总额由 2016 年 0.13 万亿增加到 0.31 万亿元，其占比由 2016 年的 0.93% 提高到 2019 年的 1.73%，提高速度快，体现出因为电商的高速发展与大数据技术的兴起，居民消费者行为产生巨变，并且也受居民收入更新及日用品类多元化发展趋势推动，居民物流要求保持持续增长。网上购物的高速发展更促使顾客还可以随时交易产品，居民物流应用领域展现指数型增长（如表 4–4 所示）。

表 4–4　浙江省社会物流总额构成

浙江省社会物流总额构成	2016 年	2018 年	2019 年
工业品物流总额占比	76.88%	75.61%	75.29%
外省流入物流总额占比	15.76%	16.54%	——
进口货物物流总额占比	4.69%	4.31%	4.35%
农产品物流总额占比	1.65%	1.83%	——
再生资源物流总额占比	0.09%	0.35%	——
单位与居民物品物流总额占比	0.93%	1.36%	1.73%

　　浙江省物流业的产业产值展现出不断扩张的发展趋势。物流业增加值是体现物流业持续发展的指标值。近些年，浙江省物流业增加值持续增长，2016 年浙江省物流业增加值为 4613 亿元人民币，占全省 GDP 增加值的 9.92%，占第三产业增加值比重的 19.22%，同比增加 7.78%；到 2019 年，全省物流业增加值为 6044 亿元人民币，占 GDP 比重 9.7%，占第三产业增加值比重 17.9%。不难看出，物流业早已逐步成为浙江省社会经济发展的中坚力量。

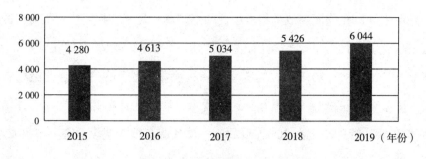

浙江省物流业增加值（亿元）

图4-7　浙江省物流业增加值

（二）社会物流使用效率显著提升

如图4-8所示，2015年浙江省社会物流费用为6771亿元人民币，到2019年增长到8938亿元人民币，增长幅度轻缓，大约维持于每年8%—9%的增长幅度。但全省社会物流费用与GDP的比例逐渐下降，由2015年的15.79%下降到2019年的14.33%，且持续5年下降，由此可见，全省社会物流成本费在不断地下降，物流使用效率显著提升。通过对物流成本费用的分析，全省社会物流费用与GDP的比例基本上在14%—15%，仍高过资本主义国家10%左右水准，这表明物流业降低成本之途依然任重道远。

社会物流费用（亿元）　　　社会物流费用占GDP的比重（%）

图4-8　浙江省社会物流费用及占GDP比重

除此之外，在物流高效率稳步增长的整体背景之下，物流费用结构的占比会有所变化。2016 年，运输费用占社会物流费用的 34.4%，存储花费占 44%，管理费用占 21.6%；2018 年，运输费用占社会物流费用的 34%，存储花费占 45%，管理费用占 21%；2019 年，运输费用占社会物流费用的 35.3%，存储花费占 44.74%，管理费用占 20%。受物流一体化服务能力建设危害，城镇派送、物流包装、外包装、商业保险及数据服务开支经营规模不断扩张，运输费用与存储费用占比的小幅度增长，而管理费用占有率持续 3 年下降，这种现象与浙江省物流量特别大及其物流质量的提升有一定关系（如表 4-5 所示）。

表 4-5   浙江省物流费用构成情况

年份	运输费用占比（%）	保管费用占比（%）	管理费用占比（%）
2016	34.4	44	21.6
2018	34	45	21
2019	35.3	44.74	20

（三）货运物流总量和货物周转量沉稳有升

表 4-6 体现的是 2010—2021 年浙江省物流行业货运量与货运周转量。由此可见，浙江省社会各界货运量和货品资金周转整体展现出增长的趋势。2010 年的货运量为 170563 万吨级，2021 的货运量为 327398 万吨级，增长近 92%。与其相对应的货物周转量则表现出了更强劲的增长趋势，2021 年的货运量为 12936.22 亿吨公里，与 2010 年的货物周转量 7117.04 亿吨公里对比，增长了 81%。增长快速的货运量和货物周转量都显示浙江省物流行业整体已经进入平稳飞速发展的环节。除此之外，按运输工具来说，公路货运量排第一，其次水路货运量，最后就是铁路线和航空货运量。航空货运量因为运输费比较高，虽然货运量最少，但货运量展现持续增长趋势。货物周转量层面，水路货物周转量排第一；其次是公路和铁路线货物周转量；航空货物周转量

依然排最后，且充分考虑统计公报中有关航空货物周转量的数据分析不完整，因而在表中并没有独立列举。水路货物周转量最大归功于持续增长的货物运输要求及其浙江省港口设施的健全。

表4–6　2010—2021年浙江省货运量和货物周转量汇总

年份	货运量（万吨）				货物周转量（亿吨公里）			
	合计	铁路	公路	水路	航空	合计	铁路	公路	水路
2010	170563	3888	103394	63258	23	7117.04	342.08	1298.71	5476.24
2011	185717	4166	108654	72872	25	8634.82	312.24	1434.82	6887.75
2012	191084	3847	113393	73817	27	9183.3	291.26	1525.59	7366.45
2013	187915	4037	107186	76662	30	8949.57	270.44	1322.13	7357
2014	194918	3548	117070	74267	33	9548.09	223.02	1419.43	7905.64
2015	200711	3332	122547	74797	35	9868.98	212.42	1513.92	8142.64
2016	215018	3332	133999	77646	40	9788.76	211.39	1626.78	7950.58
2017	241993	3513	151920	86513	47	10105.81	215.39	1821.21	8069.22
2018	268530	3728	166533	98219	49	11537.91	221.3	1964.1	9352.5
2019	288550	3936	177683	106878	53	12391.21	235.4	2082.11	10073.71
2020	299919	4083	189583	106194	59	12323.41	230.32	2209.95	9883.14
2021	327398	4471	213653	109210	63	12936.22	269.74	2636.97	10029.51

（四）邮政快递业务量持续增长

浙江是全国轻工行业生产制造大省、销售市场大省和出口外贸大省，为物流行业的高速发展打下了坚实基础，也造就了物流行业的迅猛发展。浙江省作为"私营快递公司萌生地，电商快递启航地，快递公司自主创新发祥地"，近些年，网上购物、快递行业成为彼此促进、彼此支撑点。看起来枯燥乏味的快递业务量数据信息，意味的是地区经济发展动力。

表4–7体现的是2011—2021年浙江省邮政业务状况，如表可知，2011全年度邮政业务总量达到150.89亿元人民币，占全国的9.4%，随后邮政业

务总量不断一路增长，到 2020 年做到最高点 4310.94 亿元人民币，占全国的 20.48%，2021 年由于疫情的原因明显下降，10 年间邮政业务总量提高 28 倍。其中，快递业务提高更加快速，2011 年全省物流服务公司订单量达到 49661 亿件，到 2021 年全年度达到 2278148 千件，快递业务量提高近 45 倍，快递业务量占全国的比例由 13.5% 一路持续增长到 21.04%。值得一提的是，2018 年全省快递业务量首度提升 100 亿价位，做到 1011051 千件，占全国的五分之一，位居全国第二，仅次于广东，这个数等同于江苏、上海、安徽之和。并且这个数已贴近美国快递行业 80% 规模，是排行全球第三位的日本快递公司总量二倍。除此之外，全省快递业务量排在前五位的大都市分别是义乌市、杭州市、金华市（不含义乌）、温州市、宁波市，其快递业务量总计占全省快递业务量的比例达到 80% 上下。

表 4-7　2011—2019 年浙江省邮政业务情况汇总

年份	邮政业务总量（亿元）	快递业务量（万件）	邮政业务量占全国比重（%）	快递业务量占全国比重（%）
2011	150.89	49661	9.4	13.5
2012	215.2	81987	10.6	14.4
2013	327.94	141953	12.0	15.5
2014	538.75	245745	14.6	17.6
2015	811.01	383146	16.0	18.5
2016	1250.75	598770	16.9	19.1
2017	1728.4	793231	17.7	19.8
2018	2326.2	1011051	18.8	19.9
2019	3177.67	1326252	19.6	20.9
2020	4310.94	1794621.00	20.48	21.53
2021	2231.50	2278148.00	16.29	21.04

数据来源：中国统计年鉴和浙江统计年鉴。

（五）物流业企业数持续增长，整体实力进一步增强

浙江省物流行业迅猛发展，推动了全省物流企业的快速成长。浙江省物流企业发展趋势总体体现为：企业数持续增长，生产经营活动不断创新，整体实力进一步增强。2010 年，全省有物流法人单位 12629 万余家，3A 级及以上物流企业 105 家，占全国各地总量的 12.27%。越来越多物流企业从以前给予单一的运送仓储租赁向提供专业、多层面、一体化服务变化，从简单承包物流业务流程向根据企业必须开发技术专业物流服务项目变化。公路港、"无水港"、物流金融业、物流总承包等新兴运营模式层出不穷。可是从整体结构看，中小型物流企业占多数，从业传统式装卸搬运、贮存、物流运输的公司仍然占较大比例，恶性竞争还较为严重（如图 4-9 所示）。

图 4-9　2010—2021 年浙江省交通运输、仓储和邮政业法人单位数

2016 年，全省有物流法人单位 25962 家，就业人口达 157.92 数万人。其中，道路货物运输运营经营户达 16.21 万家，仍然以个人经营户为主导，全省 A 级及以上物流企业达 530 多家，占全国各地总量的 13.7%，其中，3A 级及以上 371 家，发售物流企业 10 家。到 2021 年，物流法人单位增至 54296 家，

是 2010 的 4 倍。从物流中心建设来说，浙江省物流园区迅速发展，加快转型升级脚步。在全国公示的物流园区名单上，杭州传化公路港、嘉兴当代物流园、宁波（宁波镇海）大宗货物海铁联运物流运输枢纽、义乌港物流园、衢州工业生产新城区物流园区、宁波经济技术开发区现代国际物流园区，6 个物流园区列入我国示范性物流园区，总量居国内第一。这表明浙江省物流园区建设方式早已站在全国各地前列。

（六）以"四港连动"为指引，现代化的货物运输管理体系基础产生

浙江省下发《加速推进港口陆港临空信息网"四港"联动发展建设规划》，推动省海港集团、省交通集团等 10 家行业龙头创建浙江"四港"营运商联盟。多式联运发展趋向高速发展，宁波舟山港—浙赣湘（渝川）海运集装箱海铁公多式联运、顺丰航空集装器空陆货运物流、台州深莞惠公铁水多式联运等系列列入国家多式联运示范工程。2020 年，开展海运集装箱海铁联运量 100 万集装箱，"十三五"期限内年均增幅 42.5%，江海联运、海运集装箱货运实现突破发展趋向，分别保证 3 亿多吨、25 万集装箱。宁波舟山港开通我国第一条双层集装箱海铁联运国际联运，海铁联运电力线路保证 16 条，义乌市国际联运成为国内订单数量最大的一个海铁联运国际联运；宁波舟山港"一带一路"沿路国家航线增至 88 条，全球性货运包机航线增至 22 条；中欧铁路进行常态化运行，运输通道增至 11 条，放射性物质服务 37 个国家和地区。

（七）以国家试点为切入点的物流降低成本改革成效显著

2019 年，浙江省被列入我国六个物流降低成本综合型改革试点省之一。物流"放管服改革改革"改革大力开展，全省范围内促进"多证合一""三检合一"、证照联办等改革对策，促进长三角区域"一网通办"。物流降税清费

深化落实，省内国有资产路面大型货车路面道路通行费实行 85 折优惠，国家行业标准集装箱海运车辆通行费税收政策进一步扩大，减少港口资费标准政策贯彻执行，防疫期间减少高速公路车辆通行费约 139 亿元人民币。我国快递公司价格低于全国和长三角"包邮区"均值，为企业的发展年减少物流成本费用超 500 亿元人民币。科技创新开展物流模范县（市、区）综合型改革科技创新试点、物流产业园区管理提高试点和物流企业新业态新模式试点。台州、温州两市入选 2019 年中国交通运输部、公安部、中国商务部第二批厅局级大都市绿色货运配送示范项目，宁波舟山港变为全国第一个集装箱"整个过程数字化"港口，湖州市创建全国河堤海运转型发展示范园，在全国自主创新开展撰写省级绿色物流指数并每月发布。

（八）以数字化、智能化为主要表现的物流商业圈创新发展模式领跑领域

传化智能化系统物流综合服务平台、菜鸟网络科技新能源开发技术智慧物流车平台、舟山江海联运物流服务综合服务平台入选国家第一批技术人员物流综合服务平台试点。推动构建"智慧物流小脑"管理系统平台，我国范围内开展城市物流全部过程检测、动态管控和智能调度等领域应用。在智能化系统物流武器等领域探索开展首台套"清单正确对待、标准鉴定"方式，积极推动企业提升智慧物流关键技术及设备应用。全省无人物流、冷链物流等新兴物流技术创新不断实现突破，杭州迅蚁 5G 无人机物流当选全国首个城市场景无人机物流独特类试运转准予函和许可证，台州星空冷链无人零售智能售货柜、舟山国家远洋渔业产业园区"5G 聪明海产品"等加速全面推广，依靠"浙冷链"系统提升冷链食品追溯管理方案，在疫情防控期间起着至关重要的作用。将大力发展智慧物流机器设备纳入《浙江省新型基建基建项目三年行动计划》。参与撰写《国内集装箱多式联运电子运单》等国家交通出行行业标准，一批"浙江标准"示范造成"国家标准"。

二、浙江省绿色物流发展实践探索

（一）浙江省的绿色发展概况

从 2002 年明确提出基本建设"绿色浙江"开始，浙江最先开启绿色发展理念完善体制机制的一个过程。2012 年，"绿色发展理念"第一次出现在党的十八大公告中，当年 12 月，浙江省纪委明确提出，维持走生态环保立省之路，推动生态省基本建设，加快建设漂亮浙江。2016 年 5 月，浙江国家发改委公布《浙江省绿色发展理念"十三五"整体规划》，这不但是浙江第一个绿色发展理念整体规划，也是全国首个发布的"十三五"环节省级绿色发展理念整体规划。"十三五期间"，浙江省绿色发展理念赢得了优异的成绩：

1. 污染防治攻坚战得到阶段性胜利

多方位拉响蓝天白云草地、碧水、净土、清废四场战事，在我国"大气十条""水十条"评定中持续保持优异，环境空气指数在长三角区域最先进行全省达标。2020 年，设区大城市可吸入颗粒（PM2.5）平均值质量浓度为 25mg/ 立方米，日空气系数优良天数占比保证 93.3%，比 2015 年分别减小 43.2% 和提高 9.5%，50 个市级以上大城市竣工新鲜的空气示范园。全省地表水横剖面 I —Ⅲ类比重超出 94.6%，比 2015 年提高 21.7%，提前三年开展消除劣 V 类水质横断面每日任务。近岸海域水体总体持续增长，I 、Ⅱ类海面占比较 2015 年有大幅度提升，Ⅳ类和劣Ⅳ类占比明显下降。在全国首个开展农用地土壤污染状况详查，圆满完成重要企业用地详查。提前完成受环境污染农业用地、污染地块安全系数利用率目标和重点产业重要工业生产污染减排目标，台州市土地资源污染治理先行区基本建设站在全国前端。在全国首个施行乡村污水处理设备维护管理方法，提前三年开展百个行政村环境卫生整治任务。在全国首先开展示范园区"无废城市"基本建设，构建遮住全领域的固废处置监管制度管理模式，危废处置水准缺口大部分补充。全省高锰酸盐指数、氯化物、二氧化硫和氮氧化物四项污染物来源总量控制提前完成"十三五"节能减排工作目标，公司国内生产总值二氧化碳使用量持续下降。"十三五"总体规划各种主要指标顺利完成。

2. 生态文明建设示范性创建领跑领域

以生态文明建设示范性创建为切入点，大力开展"811"漂亮浙江基本建设个人行为，基本建设全国首个生态省，"千万工程"获得联合国组织"地球卫士奖"，成功筹备联合国组织全球环境日全世界主场迎战活动，"漂亮浙江"名气大幅度提高。稳步推进"美丽浙江"示范区建设，第一个发布城市圈基本建设整体规划，全省绿色生态环境维护公众满意度调查的数据连续 9 年稳步提升，竣工国家级生态文明建设模范县市和"绿水青山就是金山银山"实践创新产业园区总数居全国第一。

3. 绿色发展理念基本个断强化

持续着力构建绿色产业发展规划、产业布局和生产过程，制定执行全国重点生态功能区产业准入实施细则，绿色发展理念指数值稳居全国前端。积极主动服务项目大湾区、大花园、经济带、大都市区基本建设，相继公布执行《浙江省环境功能区划》《浙江省生态红线》《浙江省"三线一单"绿色生态环境系统分区管控方案》，在全国首先产生遮盖全省生态环境室内空间管控机制。根据污染治理逐步推进转型发展，"十三五"总计取代更新改造原煤小型锅炉 2.5 万部，取代制造业企业落伍和过剩产能涉及 9503 家。以中国绿色能源示范性省基本建设为突破口，强力推进能源消费总量和抗压强度"双控开关"规章制度，在全国首先进行煤化超低排放改造。首先制定印发《浙江省温室气体清单管理条例》，对省、市、县三级明细有关活动执行统一管理和指导。

4. 生态环境安全保证不断提升

促进国家公园体制试点，自然保护地保障体系不断提升，生物多样性维护保养水平不断提高，到2020年，累计完工市级以上自然保护区、生态公园、旅游景点、湿地公园、地质环境国家森林公园、水域特别是在保护区（海洋世界）310个，自然保护区占地面积大幅度提升。要求并严格执行生态红线。开设淳安县尤其生态功能区。统筹推进山水林田湖草系统保护修复，实行了一系列生态公园、矿山开采、湖河等生态体系整治和修复工程，生态体系功效得到全面提高，生态环保环境状况指数多次保持全国前端。完工遮盖省、市、县三级的应急预案体系，完工省级社会认知环境应急储备核心及专业环境突发事件应对精英团队。核与辐射安全得到全面保障。"十三五"迄今，全省没有出现非常大以上突发环境事件。

5. 环境治理体系和治理能力现代化加速推进

以"最多跑一次"创新发展为牵引绳，行业领域关键步骤制度建设不断取得新突破。市级以上各种各样开发区与省级特色小镇全面完成"地域环境点评 环境标准"创新发展全覆盖。创建省、市、县、乡四级全覆盖绿色生态环境状况应急处置预案，在全国最先进行省、市、县、乡、村五级河长全覆盖，最先进行省级层面公检法机关驻环境维护联络机构全覆盖，环境监督力度持续保持全国前列。创建生态环保环境损害赔偿管理制度，开创全国第一家环境伤害鉴定中心联合实验室。创建长三角区域空气和水污染防治协作机制，完善社会化营销环境处理应急联动协调机制。促进环境管控体系基本建设绿色环保企业战略转型，气体复合性平台式检测管理模式已基本造成，跨行政区域河流工作交接横剖面全面推行水质自动式检测，布局开展我国国家网土壤分层检测网络和我国国控放射性物质环境气体自动式检测互联网技术，最先基本建设并利用浙江环境地图和生态环境维护保养综合型协同管理平台。

（二）浙江省绿色物流创新举措及成效

浙江省在实行绿色物流发展方面的积极探索主要有以下层面：

1.是全面实施公交车大力推广发展战略规划，深入推进绿色城市发展趋向

2017 年，杭州、宁波、湖州和金华四市列入国家公交车现代城市创建名单，深入推进省级公交优先挑选示范城市创建工作。全年新增和优化公共汽车 2216 辆，共享自行车保有量达 36.86 万部，城市路轨竣工 83.8 公里，改建工程 308.2 公里，开工 260 公里。深入推进交通运输武器生态性，城市交通用电量结构优化完善。截止到 2017 年底，全省绿色节能型城市公共汽车达 1.7 万部，占城市公共汽车总数的 52%。新能源车辆网络营销推广数量达 22412 辆，累计竣工充换电站 578 座、电动车充电桩 13871 根。深入推进船只电力能源替代，鼓励 LNG 推动力船只建造和升级改造，首先选择运用 LNG 电力能源，完善 LNG 推动力船只建造要求和运营管理政策措施。制定完善 LNG 充注码头建设、运营和管理等标准规范，按照合理配置方案，加快推进 LNG 充注码头建设，造成 LNG 电力能源水上应用双向交流新机遇。

2.执行城市绿色货运物流配送示范项目

取得成功推动台州、温州两市入选 2019 年中国交通运输部、公安部、中国商务部第二批厅局级城市绿色货运物流配送示范工程。该示范工程以建设"汇聚、高效化、绿色、智能化系统"的城市货运物流保障机制为导向，以进一步完善城市货运物流配送连接点合理配置、提升新能源开发技术配送车营销推广力度、科技创新运输组织模式、提高城市配送行车政策、提高数据交换系统共享、塑造带头行业龙头为基础，以推动节能减排、降低企业成本、促进货物运输高质量发展为主要目的，地方人民政府从货运物流配送节点基建项目、新能源物流配送车辆网络营销推广、配送车辆驾驶方便快捷政策、土壤资源、税收、股权质押融资商业险等各个方面示范项目业务给予扶持和歪斜。

3. 促进长三角城市群绿色海运业发展趋向

加快推进《"十三五"长三角城市群港口智慧物流基本建设实施方案》《"十三五"港口疏运系统基本建设方案》，完善港口疏运管理模式，提升重要港区与干线铁路、高速路连接，连接港口疏运"最后一公里"。完善绿色港口创建管理制度，多方面开展长三角城市群港口绿色等级评价，规范化建设创好绿色港口，应时而变制定陈旧港口的升级改造方案，鼓励有条件的港区或港口整体创建绿色港区（港口）。促进港口和船舶环境污染化学物质接纳机器设备基本建设，做好和城市文化性运输、处理设施连接，促进港口环保处理设备高效化稳定运营，确保环境污染化学物质得到合规处理。大力开展重要港口小型煤炭码头、铁矿砂码头堆场的基本建设，加大防风抑尘等设施的配套。

4. 在全国首创开展撰写省级绿色货运物流指数

2019 年 3 月，浙江国家发改委协作浙江省经济信息中心在全国首创开展撰写省级绿色货运物流指数（统称绿指数），该指数包括碳排放量货运物流主营业务收入、企业碳排放货运物流增长值、亩均货运物流主营业务收入等 11 个评价体系。该指数正式开启前，已针对浙江省内 400 多家不同规模的国际物流公司完成前期检测工作，该指数正式开启后，浙江省发改委便开展了常态化指数检验、申报和发布工作，并依据数据信息内容监控平台获取到的物流行业绿色发展战略具体情况开展准时评估工作，进而产生绿色货运物流高质量发展行动计划，将货运物流创新发展理念倡导并落实[①]。

---

① 2019 年浙江现代物流业发展概况［J］.浙江经济，2020（08）：40-43.

三、浙江省海上丝绸之路绿色经济带有关物流的发展现状

浙江在历史上便是海上丝绸之路不可或缺的一部分，且占据重要的地位，尤其是宁波港和泉州港、广州港一道，被誉为海上丝绸之路的三大启运港和目的港，杭州、温州、绍兴、舟山等多地也曾是海上丝绸之路的交界处。浙江充分发挥开放程度较高、经济发展实力雄厚、辐射带动作用大的优点，推动浙江海洋经济发展趋势示范园区和舟山海岛新城区建设，提升宁波—舟山等水上协作战略枢纽建设，以开放逐步推进多方面改革创新，自主创新开放型经济结构体制，增加自主创新幅度，产生参加和推动国际经济贸易新高地，变成海上丝绸之路建设的主力军和中坚力量。在海上丝绸之路建设中充分发挥沿海城市应该有的领头带动作用。定位建设好 21 世纪海上丝绸之路的发展战略枢纽区和开放签约合作先行区。

（一）发展状况

浙江敢于担当、迎难而上、开拓自主创新，"一带一路"关键核心区建设获得重大成果。2019 年，宁波舟山港集装箱吞吐量上年提升 3000 万集装箱、"义新欧"中欧铁路上年开行 1904 列、浙江省进出口总额上年初次提升 4 万亿元人民币。浙江全面落实国家战略布局，浙江自贸区扩区计划方案明确提出 78 项试点任务的时间表，保税燃料油充注量列全世界第六；"义新欧"中欧铁路辐射源 51 个国家 160 多个地方，服务水平位居全国前三，变成长三角区域对外开放关键国际铁路运输通道；第二届中国—葡语国家展览会达到进口的意愿购置 100 亿元人民币，签订双向投资工程总投资 182 亿美金。浙江不断深化数字经济先行示范区建设，上年跨境电子商务进出口额占全国 16%；发布跨境电子商务综试区智能化服务平台、市场采购贸易连接网络平台及应用领域；上年"一带一路"沿途国家结售汇清算额达 1809.5 亿元人民币，提

高 69.1%。浙江促进双重商贸平衡发展，进出口总额位居全国第三；深入推进全产业链国际交流，实际使用外资稳居全国第五；切实维护全球供应链平稳，海外仓储总数占全国比例高于三分之一。在建设义甬舟开放经济带中提高辐射能力。朝东依港出航，"一带一路"国际航线提升 100 条，宁波舟山港初次位居国际航运中心十强；西边依陆出国，打造出宁波舟山港金义"第六临港"，开辟"中欧铁路 海铁 国际海运"现代物流新通道，上年进行海铁联运量 120.4 万标准箱；义甬舟开放经济带"百项千亿元"项目工程运行执行，103 个重要支撑力新项目全年度完成投资超千亿。

（二）基础设施建设

"十三五"以来，浙江省综合交通项目投资大幅上升，5 年总计达 14 万亿、居全国第一，是"十二五"阶段的 2.2 倍，合理充分发挥稳投资、稳定增长中坚力量功效。综合性道路网完成划时代发展趋势，完成高铁动车陆域市市通、快速公路陆域县县通，内河航道全部设区市通江达海。物流运输水平大幅提升，2020 年，快速公路公路网总流量、货物周转量分别是 6.6 亿辆、1.23 万亿吨公里，5 年来各自提高 44.7% 和 24.9%；快递量超全国 1/5，变成快递行业"两进一出"工程项目示范点省；宁波舟山港基本迈进世界一流强港队伍，货物吞吐量持续 12 年位居世界第一、集装箱吞吐量持续 3 年居全世界前三；浙江变成全国第二个有着三大千万级机场省份；深入推进"四港"连动，海铁联运、内河港口集装箱吞吐量同时提升上百万标准箱。2020年，浙江省社会发展物流总费用占 GDP 比例由 2015 年的 15.8% 降到 14.3%

（三）低碳减排

集约节约运用土地和海港海岸线网络资源，适时调整建设经营规模，可靠性设计，最大程度降低土地资源等优质占有。激励运用旧路扩建工程，因时制宜采用"低坝基"、提升隧道占比等举措控制技术商业用地。推动综合交通枢纽商业用地综合性立体式开发和海港海岸线网络资源井然有序地开发运用，提升公路商业用地和海港海岸线网络资源利用率。提升资源回收利用率。加速省电、节约用水、资源循环利用等绿色环保交通出行建设关键技术。全力开展废旧物品的再造和开发利用，2020 年，沥青冷再生占沥青再造量 70%，路面材料循环系统使用率超过 90%。全面推广 LED 照明、风光互补发电、储能自发光等节能照明技术以及隧道施工智能照明系统自然通风自动控制系统、地源热泵空调等新技术。提升交通安全设施生态环境治理。融合"三改一拆"和"五水共治"，深入开展"漂亮公路"建设，提升生态环境治理与修复整体规划、设计方案及施工水准，降低交通设施工程对沿途绿色生态环境的作用，提升快速公路高速服务区污染治理。2020 年，主干线公路小区绿化率可做到 100%。提升关键海域环保处理设备建设，在主干线航线沿途建设船只油废水、生活污水处理和垃圾搜集及储存设备，开展散货码头粉尘危害整治。

第三节　上海市绿色物流发展现状分析

一、上海市物流业发展现状

2021 年 7 月，苏州举办了以"长三角物流高品质一体化发展再加快"为主题的长三角物流发展与合作社区论坛，长三角地区作为我国货物运输销售市场中最活跃、科技进步最突出的地区，为社会经济发展中的很多活动提供了后勤保障。上海市作为长三角的领头城市，坐落于我国大陆海岸线的中间，戍守湘江入海口，位于湘江物品运输通道与水上南北方运输通道的交汇处，且作为全国最大的经济发展、高新科技、商贸、金融业、信息内容、航运业及文化中心，"七个中心"的城市精准定位针对现代物流业的高速发展给出了非常高的规定，又为上海市发展趋势物流行业带来了不可多得的机会，现阶段，上海市已经形成以口岸为中心、陆海空结合的当代综合性平台式发达道路网。

上海经济发展不断迅速发展，GDP 持续完成突破。1949 年，上海地区生产总值仅 20.28 亿元人民币。伴随着改革开放，2006 年突破 1 万亿元人民币。中共十八大至今，上海转型升级，经济发展整体实力不断提升。2012 年，地区生产总值超出 2 万亿元人民币，2017 年突破 3 万亿元人民币，2019 年达到 38155.32 亿元人民币。按居住人口和彼时费率换算的上海平均生产总值，2009 年突破 10000 美金，2021 年达到 22799 美金，按世行规范已经达到高收入国家或地区水准（如图 4-10 所示）。其中，2020 年第一产业生产总值为 103.57 亿元人民币，占地区生产总值的 0.27%；第二产业增长值为 10289.47 亿元人民币，占地区生产总值的 26.59%；第三产业增长值为 28308 亿元人民币，占地区生产总值的 73.15%（如图 4-11 所示）。2020 年，上海第一产业占全国各地第一产业的 0.13%，上海第二产业占全国各地第二产业的 2.68%，上海第三产业占全国各地第三产业的 5.11%。2020 全年度平均地区生产总值为 15.58 万余元，比去年增加 1.6%（如图 4-12 所示）[①]。

---

① 　上海市统计局 . 上海市统计年鉴 2009—2021. ［EB/OL］.https：//tjj.sh.gov.cn/. 本章下文关于上海市的相关数据没有特别标注的，均来自于历年上海市统计年鉴 .

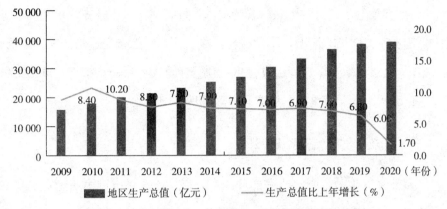

图 4-10　2009—2021 年上海市 GDP 及增速变化趋势

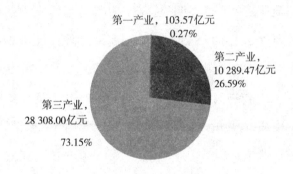

图 4-11　2020 年上海市三大产业生产总值及占比情况

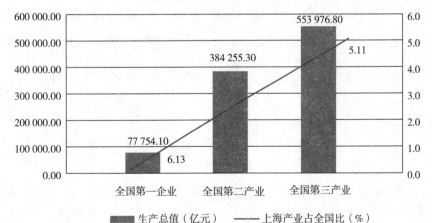

图 4-12　上海市三大产业占全国三大产业比重

"十三五"至今，上海依照"管为根本、重管理体系、补齐短板"的指导思想，逐步完善"核心区型、多功能性、数字化"的综合交通物流配送系统，"十三五"规划目标整体实行优良，重点项目和重大项目稳步推进，关键指标值基本超出预期。下面重点围绕这几方面开展详细描述。

（一）物流业发展水平逐渐提升

作为服务行业不可或缺的一部分，上海市物流业在推进第三产业的发展中发挥了举足轻重的功效。如表4-8所示，上海物流业增加值[①]一直逐年上升，证明其物流业发展水平在明显提高。物流业增加值从2010年的839.4亿元人民币提升到2021年的1843.5亿元人民币。但是，上海物流业增加值占全国各地物流业增加值的比例展现逐渐迟缓下降趋势，由2010年的4.47%下降至2021年的3.92%；物流业增加值占第三产业增加值的比例也呈现出逐渐迟缓下降趋势，由2010年的8.10%下降至2021年的5.82%，呈轻缓下降趋势，这寓意与第三产业中别的子行业对比，物流业竞争能力在呈下降趋势。假如上海物流业发展水平不可以有所提高，将不益于人民生活水平的提升。

进一步从物流业发展水平提升速率来说，2010年，上海市物流业发展水平提升速率发生很大起伏，起伏发展趋势展现"V"字发展趋势，在其中增速提升较大的是2010年，做到31.24%，2010年以后增速相对迟缓，2020年由于新冠肺炎疫情影响，增速初次发生持续下滑（如表4-9、图4-13所示）。

---

① 物流业增加值：因为现行标准统计口径中，并未对物流业最直接的信息进行统计分析，而道路运输、仓储物流和邮政行业是一般物流业不可或缺的一部分，故此文选用审计局的调查信息中"道路运输、仓储物流和邮政行业"的信息代替，后原文中有关物流业的有关统计信息也均按这种方法开展统计分析。

表 4-8　上海物流业增加值、增加速度及占 GDP 比值

年份	上海市交通运输、仓储和邮政业增加值（亿元）	全国交通运输、仓储和邮政业增加值（亿元）	上海增加值占全国增加值的比重（%）
2010	839.4	18783.6	4.47%
2011	868.9	21842	3.98%
2012	903.4	23763.2	3.80%
2013	945	26042.7	3.63%
2014	1059.5	28500.9	3.72%
2015	1143.3	30519.5	3.75%
2016	1254.6	33028.7	3.80%
2017	1381.7	37121.9	3.72%
2018	1616.5	40337.2	4.01%
2019	1650.4	42466.3	3.89%
2020	1548	40582.9	3.81%
2021	1843.5	48423.9	3.81%

表 4-9　2010—2021 年上海市交通运输、仓储和邮政业汇总表

年份	上海交通运输、仓储和邮政业增加值（亿元）	上海第三产业增加值（亿元）	上海交通运输、仓储和邮政业增加值增长速度（%）	上海交通运输、仓储和邮政业增加值占第三产业增加值比重（%）
2010	839.4	10366.1	31.24%	8.10%
2011	868.9	11713.9	3.51%	7.42%
2012	903.4	13002.1	3.97%	6.95%
2013	945.0	14786.0	4.60%	6.39%
2014	1059.5	16504.5	12.12%	6.42%
2015	1143.3	18352.8	7.91%	6.23%
2016	1254.6	21202.4	9.73%	5.92%
2017	1381.7	23288.3	10.13%	5.93%
2018	1616.5	25546.3	16.99%	6.33%
2019	1650.4	27686.9	2.10%	5.96%
2020	1548.0	28597.1	−6.20%	5.41%
2021	1843.5	31665.6	19.09%	5.82%

数据来源：中国统计年鉴和上海统计年鉴

图 4-13 2010—2021 年上海交通运输、仓储和邮政业增加值情况

（二）货物运输能力不断提高

2010 年至今，上海市综合运输管理体系不断完善，交通基础设施经营规模不断增长，运送能力明显提高，服务质量逐步完善。全省铁路线营运长短、公路全线通车里程数逐渐增长，截至 2020 年，铁路线营运长短达 491 公里，公路全线通车里程数达 12917 公里。从货运量情况来看，上海市货运量从 2010 年的 87256 万吨级平稳增长到 2020 年的 138839 万吨级，增长了 1.59 倍；货物周转量从 18918.5 亿吨公里增长到 32795 亿吨公里，增长 1.7 倍，关键航运市场从 65339 万吨级增长到 71670 万吨级。电力业务流程总产量从 1275.24 亿元人民币提高到 3672.33 亿元人民币（如表 4-10 所示）。

表 4-10　上海市交通运输和邮政业务情况汇总表

年份	铁路营运长度（公里）	公路通车里程（公里）	货运量（万吨）	货物周转量（亿吨公里）	主要港口吞吐量（万吨）	邮电业务总量（亿元）	快递业务量（万件）
2010	414	11974	81023	16173	65339	1275.24	24318.9
2011	453	12084	93318	20367	72758	563.42	40914.91
2012	457	12541	94376	20427	73559	637.92	59905.25
2013	456	12633	91535	17868	77575	791.82	95012.45
2014	456	12945	90341	18691	75529	906.01	128366.1
2015	456	13195	91239	19553	71740	1164.51	170778
2016	465	13292	88689	19376	70177	1074.22	260274.4
2017	465	13322	97257	25058	75051	1405.66	311503.7
2018	466	13106	107387	28362	73048	2256.96	348648.8
2019	467	13045	109609	29801	72031	3010.47	313326.1
2020	491	12917	139226	32847	71670	3672.33	336330.7

　　进一步比照上海市铁路线、公路、船运和航空运输方式的货运量，随着时间推移，不难发现，水路货运量逐步增加，在 2011 年已经超过公路货运量，2020 年水路货运量达 92294 万吨级，远远高于别的运输方式，而航空运输成本非常高，其货运量最少，远远低于别的运输方式。从上海市货物周转量来看，水路货物周转量最大，其次是航空货物周转量，但 2020 年受疫情影响，公路货物周转量超过航空运输量。根据表 4-11 的分析，铁路货物周转量最少，水路货物量最高，充分体现上海市水路运输的优势。

表 4-11 2010-2021 年各种运输方式的货运量及货物周转量

年份	货运量（万吨）				货物周转量（亿吨公里）				
	合计	铁路	公路	水路	航空	合计	铁路	公路	水路	航空
2010	81023	959	40890	38803	371	16173	26	266	81023	959
2011	93318	888	42685	49389	356	20367	21	284	93318	888
2012	94376	825	42911	50302	338	20427	18	288	94376	825
2013	91535	694	43809	46697	335	17868	14	299	91535	694
2014	90341	549	42848	46583	361	18691	12	301	90341	549
2015	91239	471	40627	49770	371	19553	11	290	91239	471
2016	88689	461	39055	48787	387	19376	10	282	88689	461
2017	97257	472	39743	56619	423	25058	10	298	97257	472
2018	107387	468	39595	66906	418	28362	10	299	107387	468
2019	109609	472	38750	69981	406	29801	14	297	109609	472
2020	139226	478	46051	92294	403	32847	16	685	139226	478

（三）国际航运中心基本上完工，航运业服务质量逐步提升

上海港坐落于长三角城市群和沿海经济带的交界处，是我国综合交通运输经济带与国内、国际货运的关键节点，具备对里、外双重辐射源地区优势。1996 年明确提出基本建设上海国际航运中心，至今蓬勃发展，现阶段上海港主要包括市辖长江入海口南岸、黄浦江海峡两岸和杭州湾南岸，崇明岛、长兴岛、横沙岛沿岸地区，洋山深水港区，及其上海河道临港。2020 年，上海港沿海地区泊位 1024 个，其中，生产制造万多吨泊位有 185 个，海运集装箱泊位 55 个，沿海地区港口长短达 10.58 公里。

2020 年，上海港集装箱吞吐量做到 4350 万集装箱，持续 11 年稳居全球第一。洋山深水港区四期自动化码头建成投产，变成了全球最大、自动化水平最高的港口码头。《2020 新华波罗的海国际航运中心发展指数汇报》展示，上海世界排名第三。上海取得成功搭建国内首个"一市两场"大城市飞机场

管理体系，2019 年，航空公司客货货运量做到 1.22 亿人次、406 万吨级，各自位居世界城市第 4 位、第 3 位，互联网通达性在中国处在领先水平。飞机场疏运系统软件逐步完善，城市轨道 2 号线东延伸段全线贯通经营，17 号线、北翟快速通道、郊环隧道施工等完工投入使用，机场联络线开工基本建设（如表 4-12 所示）。

表 4-12　2009—2020 年上海港情况

年份	沿海码头长度（万米）	沿海泊位（个）	其中	
			#生产用万吨级	其中
				#集装箱泊位
2009	11.68	1 145	153	38
2010	11.92	1 218	157	45
2011	11.97	1 226	160	43
2012	12.29	1 245	162	43
2013	12.40	1 253	170	43
2014	12.60	1 282	170	42
2015	12.69	1 300	174	42
2016	10.92	1 152	172	42
2017	10.61	1 078	172	42
2018	10.72	1 097	181	51
2019	10.70	1 075	185	55
2020	10.58	1 024	185	55

二、上海绿色物流发展实践探索

（一）交通出行节能降耗取得进展，绿色交通出行核心理念逐渐深层次

交通行业能源消耗增长幅度变缓，公交车、交通运输等行业能源消耗保持稳定。绿色港口码头建设深入推进，首先推行船只排放控制区管理措

施，临港二氧化硫（SO_2）浓度值不断下降至 8mg/ 立方米（$\mu g/m^3$），与上海市均值浓度值差不多。大力发展新能源技术代步工具的应用，总计营销推广新能源车 42.6 万台，新能源技术和绿色能源公共汽车占所有公交运营汽车的 67%，已经有各种汽车充电桩 37.7 万只、LNG 天然气集福卡 4046 辆、LNG 内河船舶 98 艘。开展我国（上海）自由贸易试验区临港新片区（下称"临港新片区"）等场所智慧城市建设，更新改造供水管网 2207 公里，公共性供电管网漏损率下降到 9.3%。构建绿色友善交通出行自然环境，"一江一河"全线贯通工程项目深入推进，慢行交通质量不断提高。

（二）港口物流配送系统聪慧绿色协同高效率

洋山深水港四期变成了全球最大、自动化水平最高的港口码头，上海港集装箱吞吐量、海港连接度维持全世界第一位。集疏运体系进一步优化，芦潮港铁路线中心站与洋山深水港区一体化运营实现突破，海运集装箱"水水中转"占比达 51.6%。港口过关各个环节基本完成电子化，海港业务流程电子化率为 100%。绿色能源设备、技术的应用，海港全面推广，系统化停车位岸电设备普及率达 79%。地区港航协同发展趋势稳步推进，湘江海运集装箱江海联运完成资源共享与业务协同。远洋航行服务保证水准大幅提升，洋山港、长江入海口远洋航行新项目圆满完成，上空、河面、水中三位一体应急保障管理体系基本上完工。

（三）推广绿色包装

上海贯彻落实我国电子邮件、快递绿色包装、减药包装有关国家标准，全面推广绿色包装和回收再利用技术性、原材料，推动电商快递货运物流包装资源化。2020 年，上海协议书顾客电子面单利用率达 95% 之上，降低纸箱子和胶布的用量，降低二次包装，激励电子商务平台给予绿色包装选择项，对绿色包装推行计费特惠。示范点开展"电子商务物流"回收利用包装，推动资源回收利用，着力打造包装经营者、使用人与消费者等在内的多方面协同回收利用管理体系。

（四）促进绿色经营

在干线运输阶段，帮助公司运用铁路线网络资源，有效开展现代物流，推动结构型节能减排，在中转运输和末端配送阶段，全面推广新能源车辆。激励企业优化生产制造工作流程，全面推广可循环使用的转站袋、中转箱、笼车等设施运用，提高工作效率。激励邮政快递、物流企业增加多式联运、现代物流等优秀运输组织方法的运用。在具备条件的电商快递物流产业园、地区分拨中心和末端配送营业网点等位置配建电动车充电桩。提升能源管理体系，创建绿色节能低碳经营管理制度和体制，在电商快递库房、分拨中心、数据信息中心、管理方法中心等地方全面推广节约用水、省电、环保节能等技术新机器，提升能源效率。

三、上海市海上丝绸之路绿色经济带有关物流的发展现状

"一带一路"基本建设，是中国将来很长一个时期对外开放和对外合作的整体规划，对全面提高在我国多方位开放水准具备重大意义。将中国（上海）自由贸易试验区（下称"上海自贸区"）打造成为服务项目国家"一带一路"基本建设、促进销售市场主体走向世界的主战场，这是习近平总书记从全局性高度对上海提出的新要求。上海在国家"一带一路"建设过程中充分发挥桥头堡作用，有益于进一步提升上海大城市综合性服务能力，发展更深层次的开放型经济；有益于在我国着力构建多方位开放、东中西联动发展的新机遇，能够更好地参加全球市场竞争与合作。

（一）发展状况

上海在"一带一路"沿途国家（地区）加盟项目 246 个，具体投资总额达 54.9 亿美金，年均增幅近 1.6 倍；承揽重大工程 3019 个，总计合同价达 217 亿美金，年均增幅 9.4%；与沿途国家（地区）贸易总额提升 5000 亿元人民币，占全省占比高于 20%。众多企业"走向世界"的脚步在加速。一批重点项目建设在沿途国家（地区）根深蒂固。例如，上海电气设备在"一带一路"国家（地区）承揽的发电厂、输配电工程合同总金额已超 28 亿美金；华谊集团在"一带一路"国家（地区）项目投资总计做到 4.19 亿美金；上海企业融资建设中的印度尼西亚青山绿水产业基地被认定国家级境外经外贸合作区，产业园区及进园公司已经完成投资额超出 30 亿美金。经济贸易合作战略伙伴关系在不断创新。上海已与 19 个沿途国家（地区）设立了经济贸易合作战略伙伴关系，上海进出口商会与沿途 92 家商协会与企业建立了"一带一路"贸易公司同盟，为企业发展构建了合作服务平台。经济贸易经营规模在稳步增长。在 2022 年的 1—8 月，上海与沿途国家（地区）贸易总额做到 4295 亿元人民币，同比增加 21%；新签对外承包工程合同价值 19.3 亿美金，占上海全部承包工程合同价值的比例已经达到 67.3%。

（二）基础设施建设

借助国际级航空公司和海港的核心社会地位，逐步完善与全球大城市核心区连接点影响力相符的集疏运体系和航运服务管理体系，提高为"一带一路"建设服务的能力。主要表现在：航空枢纽服务能力大幅度提升，上海飞机场航空公司游客吞量超出 1 亿人次，已经成为全球第五、我国第一的核心性飞机场，航空公司货运量吞量持续 9 年维持全球第三位。现阶段，已经有 107 家国际航空公司开了到上海两次的航班，飞机航班互联网遍及全球 282 座城市。上海与"一带一路"沿途 24 个国家（地区）完成了直飞，航运点做到 47 个。现阶段，根据上海飞机场统计，出入我们国家的"一带一路"航空公司游客占全国机场总数的 1/3，航空公司货运量占全国机场总产量比例高于 50%。水底运输枢纽疏运作用不断提高，上海港集装箱吞吐量持续 7 年维持世界第一，上海港国际性班轮运输航道遍布全球关键轮机员，已同"一带一路"沿途国家（地区）100 多个主要港口设立了紧密联系。2016 年，上海港与"一带一路"沿途进行出口外贸集装箱吞吐量 964 万集装箱，占总数的 35%。国际运输服务能力得到强有力扩展。上海航运业交易中心发布我国首个"一带一路"航贸指数值，为考量"一带一路"国家（地区）贸易畅通、道路运输等方面成果带来了量化指标。国际民航组织亚洲地区技术性合作核心落户上海，将进一步增强上海意味着在我国参加全球海事局标准规范制定话语权。

强化和上海国际航运中心基本建设连动，顺畅里外连接安全通道、扩展综合性服务能力，提高上海全球城市门户核心区影响力。打造出丝绸之路地图港航合作体制，借助中远海运集团和中远集团，进行并举行"21 世纪丝绸之路地图港航合作大会"，与沿途国家（地区）海港创建长期性、相对稳定的沟通协作和战略规划合作体制，以一同开发、业务流程合作等形式，提升资本运营及项目开发水准，增加沿途海港项目投资幅度，加大对物流产业园、铁路线、道路等设施的投入。扩展健全航道飞机航班网络布局，打造出高效率顺畅的全球海运集装箱水上经营互联网，开辟上海至非洲、美洲、东亚、加勒比等场所，连通经印度洋、非洲东部地区到欧洲新主杆航道。提高上海航空枢纽航线网络涉及面和通达性，确保在空域管理、航权分派、网络资源社会化配置上开展示范点，适用产业基地国际航空公司大力发展面对"一带一路"区域内的国际航线。搭建多方位现代物流综合性管理体系，海铁、空铁基本建设对接，积极主动发展趋势海铁联运，提升上海铁路线路图与中欧国际、中亚国家铁路线路图的对接，以信息化管理提高港口、临空、铁路线等枢纽站服务能级。提高"一带一路"上海航贸指数值知名度。推进"一带一路"贸易总额指数值、"一带一路"运输量指数值、"丝绸之路地图"运价指数的含义，拓展应用范畴，提升影响力和主导权。

（三）低碳减排

服务项目绿色"一带一路"基本建设。加速"一带一路"项目投资合作绿色转型，不断加强全球环境治理行业南南合作。充分发挥"主战场"功效，推进与世界各国在节能低碳领域内的沟通与合作，积极推进上海市节能低碳商品、技术以及武器装备走向世界。提高海运业韧性聪慧绿色发展理念水准，内提质效、外保安人员畅，推进合作、里外中国联通，为推动全球数据共享、确保全球物流供应链平稳顺畅、促进世界经济复苏作出新的更大贡献，提高全球航运业供应链管理延展性，全面保障国际性物流供应链平稳顺畅，促进海运业聪慧绿色转型，加快推进海运业高质量发展。上海市加速建设全球一流航运中心，加快推进长三角共创辐射源全球的水运核心区，推动全球交通出行合作，加速提高"一带一路"设备数据共享运输方便化水准。

第四节 广东省绿色物流发展现状

一、广东省物流业发展现状

近年来，广东省经济运行稳中有进，高质量发展支撑有力。2021年地区生产总值由2009年的39464.69亿元提升到124369.67亿元，比上年增长11.89%（如表4-13和图4-14所示）。其中，第一产业生产总值5003.66亿元，占比 4.02%；第二产业生产总值 50219.19 亿元，占比 40.37%；第三产业生产总值 69146.82 亿元，占比 55.59%；广东省三种产业在全国中占比分别为：6.02%、11.14%、11.34%。2022 年人均地区生产总值 107139 元，比上年增长 6.7%（如图 4-15 和图 4-16 所示）[①]。

表 4-13　2009—2021 年广东省物流业发展经济总量情况

（亿元）

年份	地区生产总值	生产总值比上年增长
2009	39464.69	7.52%
2010	45944.62	16.42%
2011	53072.79	15.51%
2012	57007.74	7.41%
2013	62503.41	9.64%
2014	68173.03	9.07%
2015	74732.44	9.62%
2016	82163.22	9.94%
2017	91648.73	11.54%
2018	99945.22	9.05%
2019	107986.92	8.05%
2020	111151.63	2.93%
2021	124369.67	11.89%

[①]　广东省统计局.广东省统计年鉴 2009–2021.［EB/OL］. http://stats.gd.gov.cn/gdtjnj/. 本章下文关于广州省的相关数据没有特别标注的，均来自于历年广州省统计年鉴.

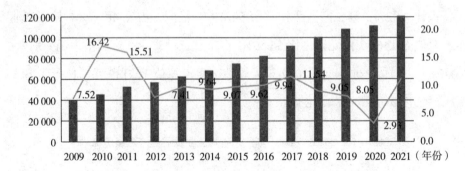

图 4-14　2009—2021 年广东省 GDP 及增速变化趋势

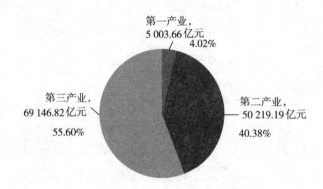

图 4-15　2021 年广东省三大产业生产总值及占比情况

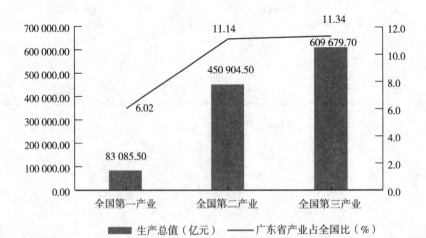

图 4-16　广东省三大产业占全国三大产业比重

广东省物流业得到迅速发展，已成为广东省转型升级、高质量发展的重要支撑和拉动经济增长的先导力量。随着"十四五"实施方案的下发，广东省"一带一路"国际大通道建设，粤港澳大湾区，冷链物流方面都有高质量发展。如何在新的发展机遇下进一步扩大物流服务业供给，提高对外开放水平，实现开放型强省的目标，进一步满足对外贸易的发展需求，是亟待解决的重要问题。

物流业贯穿第一、二、三产业，衔接生产与消费，涉及领域广、发展潜力大、带动作用强。推动物流降本增效对促进产业结构调整和区域协调发展、培育经济发展新动能、提升国民经济整体运行效率具有重要意义。[①]为贯彻落实国务院办公厅关于进一步推进物流降本增效促进实体经济发展的意见（国办发〔2017〕73号）等文件精神，促进全省现代物流业健康发展，服务广东经济转型升级和供给侧结构改革的深入推进，广东省推进物流领域大众创业、万众创新，打破地方保护和行业垄断，破除制约物流降本增效和创新发展的体制机制障碍。探索建立物流领域审批事项的"单一窗口"，降低制度性交易成本。强化科技创新、管理创新、机制创新，促进物流新业态、新模式。

为贯彻落实《国务院关于印发物流业发展中长期规划（2014—2020年）的通知》（国发〔2014〕42号）等文件精神，促进全省现代物流业健康发展，服务广东经济转型，高质量发展，供给侧结构改革的深入推进，广东省着重加强物流行业顶层设计和布局规划，陆续出台支持现代物流业发展的系列政策措施，内容包括综合物流、商贸物流、港口物流、交通运输等方面，物流业政策环境持续改善等方面，如表4-14所示。

---

① 国务院办公厅关于进一步推进物流降本增效促进实体经济发展的意见［J］.中华人民共和国国务院公报，2017（24）：13-18.

表 4-14 近年广东省出台的物流业发展主要相关政策

类型	发布时间	文件名称	发布部门
物流类	2012 年 11 月	广东省物流业调整和振兴规划	广东省人民政府办公厅
	2014 年 11 月	推进珠江三角洲地区物流一体化行动计划	广东省人民政府办公厅
	2016 年 11 月	广东省现代物流业发展规划	广东省人民政府办公厅
	2017 年 6 月	广东省农村物流建设发展规划	广东省发展改革委
	2019 年 2 月	广东省农村物流建设发展规划	广东省商务厅
商贸流通类	2016 年 7 月	广东省推进国内贸易流通现代化建设法治化营商环境的实施方案	广东省人民政府办公厅
	2016 年 9 月	广东省深入推进"互联网+流通"行动计划的实施方案	广东省人民政府办公厅
	2017 年 4 月	广东省冷链物流发展"十三五"规划	广东省发展改革委
	2018 年 8 月	广东省推进电子商务与快递物流协同发展实施方案的通知	广东省人民政府办公厅
	2022 年 9 月	广东省推进冷链物流高质量发展"十四五"实施方案的通知	广东省人民政府办公厅
港口运输类	2014 年 7 月	广东省绿色港口行动计划（2014—2020）	广东省交通运输厅
	2018 年 7 月	粤东港口群发展规划（2016—2030 年）	广东省发展和改革委员会
交通运输类	2018 年 7 月	广东省综合交通运输体系发展"十三五"规划	广东省发展改革委
	2019 年 3 月	广东省推进运输结构调整实施方案	广东省人民政府办公厅
	2021 年 10 月	广东省邮政业发展"十四五"规划	广东省邮政管理局、省发展改革委、省交通运输厅

　　各种利好政策的持续催化，进一步推进了物流行业高质量发展，广东省物流经济总量持续增加、物流货运量持续增长、物流单位数快速增长、物流主体供给实力不断增强、物流服务能力显著提升、交通基础设施不断完善、物流运输能力不断增强、物流信息化水平不断提高、物流技术装备明显改善、发展模式不断创新。

　　从发展趋势看，2009—2018 年间，广东省物流业总额年均增长为 10.5%，比广东省 GDP 年均增长速度高 0.1 个百分点，但占全国社会物流总额的比重呈波动下降态势。2018 年较 2009 年下降 1.6 个百分点，物流业增加值年均增长为 11.9%，较广东省 GDP 年均增长速度高 1.5 个百分点，且物流业增加值占广东省 GDP 的比重呈稳步上升态势，2018 年比 2009 年上升了 0.9 个百分点，这说明物流业对经济增长的贡献率不断提升。

（一）物流货运总量持续增长

从物流货运量看，2021 年广东省全年各种运输方式完成货运量 398420 万吨，完成货物周转量 28388.06 亿吨公里，邮政业务总量为 3021.1 亿元（如表 4-15 所示）。2009—2021 年间，货运量、货运周转量均保持大体保持增长，年均增长分别为 7.3%、16.8%。

表 4-15　2009—2021 年广东省物流量供给情况

年份	货运量（万吨）					货物周转量（亿吨公里）						邮政业务总量（亿元）
	合计	铁路	公路	水路	民航	管道	合计	铁路	公路	水路	民航	管道	
2009	179722	11254	125433	36623	90	6322	4942.83	309.55	1518.43	2937.94	18.83	158.08	101.16
2010	205034	12170	142389	43092	116	7267	5933.88	329.49	1753.4	3642.22	32.98	175.79	118.57
2011	234978	12034	166567	48856	118	7403	7113.29	322.25	2150.04	4427.64	37	176.36	291.36
2012	266359	12002	189034	57737	128	7458	9780.56	306.04	2434.95	6820.29	42.4	176.89	395.18
2013	328138	12042	239462	68851	131	7652	12212.56	301.55	2668.03	9028.84	44.2	169.94	592
2014	353732	11143	257135	77220	144	8090	15020.92	274.81	3113.84	11407.8	51.05	173.42	859.81
2015	349832	10072	255993	75481	149	8137	14667.43	253.9	3108.81	11073.92	56.47	174.33	1228.75
2016	377645	10135	272826	85633	160	8891	22032.27	254.41	3381.92	18160.35	61.85	173.74	1886.25
2017	400601	7254	288904	94871	166	9407	28192.23	261.97	3636.89	24011.92	68.73	212.71	2526.29
2018	424996	7617	304743	102352	226	10058	28644.77	267.99	3890.32	24177.41	80.53	228.53	3215.75
2019	374823	8185	239744	113159	238	13496	27635.28	297.35	2563.96	24432.75	82.98	258.24	4403.44
2020	356221	7845	231171	103759	238	13209	27575.18	278.44	2524.2	24404.83	85.93	281.78	5807.81
2021	398420	9919	267489	107206	240	13564	28388.06	356.53	2980.46	24688.52	92.35	270.2	3021.1

从各种方式货物运输量占全国比重看，2009—2021 年期间，货运量、货运周转量、港口吞吐量、快递业务量变化趋势（如表 4-16 所示）。其中，快递业务量在 2014 开始实现陡增，由 2009 年的 42206.50 万件提升至 2021 年的 2945749.44 万件，究其原因，可以归结到 2015 年以来以"互联网 +"为代表的新产业、新业态、新商业模式蓬勃发展带动货运周转量的猛增。

表 4-16　2000—2021 年广东省货运量变化趋势

年份	港口吞吐量（万吨）	集装箱吞吐量（万 TEU）	民航货物吞吐量（万吨）	快递业务量（万件）
2009	102761.00	3050.20	158.50	42206.50
2010	122258.00	4360.10	198.40	59107.50
2011	133704.00	4614.30	204.00	75689.70
2012	140776.00	4763.00	213.60	133770.50
2013	156373.00	4951.10	226.80	210670.30
2014	165455.00	5325.90	246.30	335555.90
2015	171109.00	5512.10	260.30	501335.00
2016	179924.00	5728.00	284.40	767241.60
2017	198015.00	6226.70	301.30	1013468.00
2018	211037.00	6446.80	319.20	1296195.70
2019	191819.00	6710.76	329.75	1680594.05
2020	202226.00	6728.95	323.89	2208179.50
2021	209600.00	7078.20	369.93	2945749.44

（二）物流主体供给实力不断增强，物流服务能力显著提升

2011 年以来，广东省物流企业数量持续激增，物流服务能力显著提升，物流企业的品牌认同度不断提升。如图 4-17 所示，2011 年广东省物流企业法人单位数（以运输、仓储和邮政业企业单位数来统计）22784 家，继而一路呈上升趋势，到 2021 年达到 87924 家，比 2010 年增长 386%。其中，2018 年

物流企业法人单位数增长率最高，达到46.6%。此外，物流服务能力显著提升，如表4-17所示，A级及以上物流企业数不断增多。A级物流企业从2009年的79家增长到2021年的489家，5A级企业由6家增加到38家。2020年底，广东省共有A级物流企业405家，其中，5A级物流企业35家，比2009年分别增长了5.1、5.8倍，数量居全国前列，并涌现了顺丰、宝供、安得、南方、招商局、广东省航运集团等一批现代化、规模化、品牌化的物流领军企业。

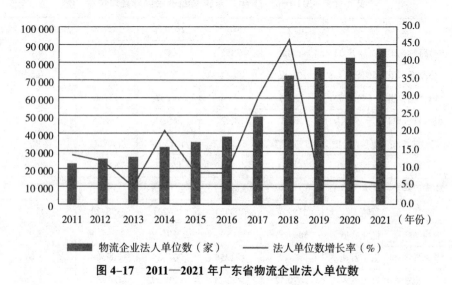

物流企业法人单位数（家）　　　　法人单位数增长率（%）

图4-17 2011—2021年广东省物流企业法人单位数

表4-17 广东省A级物流企业情况

企业数	年份									
	2009	2010	2014	2015	2016	2017	2018	2019	2020	2021
A级企业数（个）	79	83	192	216	235	296	340	374	405	489
5A级企业数（个）	6	7	18	20	21	24	28	30	35	38

（三）交通基础设施不断完善，物流运输能力不断增强

广东作为物流大省，交通基础设施居国内先进水平。2021年，广东省公路通车里程为22万公里（如表4-18所示），较2020年增长0.5%；铁路

营业里程达到 5101 公里，较 2020 年增长 4.7%；内河通航里程为 12266 公里，较 2020 年增长 0.1%；民航航线里程为 339.56 公里，较 2020 年下降 0.8%；管道输油（气）里程为 9664.23 公里，较 2020 年增长 0.1%；民航航线里程为 3339.56 公里，较 2020 年下降 4.7%，总体来看，交通基础设施建设不断完善。

表 4-18　2010—2021 年广东省交通基础设施建设情况

指　　标	2000 年	2010 年	2020 年	2021 年	2020 增长（%）
铁路营业里程（公里）	1942	2297	4871	5101	4.7
公路通车里程（公里）	102606	190144	221873	222987	0.5
内河通航里程（公里）	13696	13596	12252	12266	0.1
民航航线里程（万公里）	50.03	180.74	369.21	339.56	−8
管道输油（气）里程（公里）	1535.57	6033.62	10136.9	9664.23	−4.7
客运量（万人）	164791	467049	87777	62126	−29.2
旅客周转量（亿人公里）	1218.59	3342.23	2617.23	2352.19	−10.1
货运量（万吨）	119216	205034	356221	398420	11.8
货物周转量（亿吨公里）	3064.51	5933.88	27575.18	28388.06	2.9
港口货物吞吐量（万吨）	31649	122258	202226	209600	3.6
港口旅客吞吐量（万人）	1670.32	2483.21	1699.27	1849.17	8.8
航站旅客吞吐量（万人）	2142.84	7188.64	9942.26	9594.04	−3.5
邮电业务总量（亿元）	757.22	4832.94	20833.11	4954.59	26.5
邮政（亿元）	50.4	118.57	5807.81	3021.1	25.9

（四）物流信息化水平不断提升，物流技术装备明显改善

近年来，随着物联网、大数据、云计算和人工智能等新技术在物流领域的应用不断深入，广东省物流信息化建设步伐也不断加快，物流技术装备明显改善。

2021 年，广东省每百家企业拥有网站数 55 个，有电子商务交易活动企业

数比重为 11.3%，电子商务销售额达到 37886 亿元，互联网宽带接入端口达到 9333.7 万个，接入用户数达到 4277.7 万户（如表 4-19 所示）。

表 4-19　广东省信息化建设情况一览

年份	每百家企业拥有网站数（个）	有电子商务交易活动的企业数占比（%）	电子商务交易额（亿元）	互联网宽带接入端口（万个）	互联网宽带接入用户（万户）
2013	63	7.7	10279.1	3325.2	2081.7
2014	67	8.9	12992.6	3597.7	2174.1
2015	67	11.5	13783.7	4765.5	2682.7
2016	66	11.6	17595.1	6515.6	2779.4
2017	64	9.7	23191.5	6482.3	3246.8
2018	60	9.8	27829.9	8149.1	3597.8
2019	59	10.8	30168.2	8538	3801.6
2020	57	11.3	30533.8	8653.2	3890
2021	55	11.3	37886	9333.7	4277.7

数据来源：历年国家统计局、广东省统计年鉴

自 2013 年以来，广东省重点建设现代产业 500 强项目，南方现代物流公共信息平台（中国首个跨区域、跨行业、综合性、国际化物流信息平台）、南方物联网示范工程、宝供第三方物流信息平台、林安物流信息交易平台等一批信息平台项目投入使用，智慧港、智慧仓等物联网项目相继投入运营，有效地促进了物流行业信息交换和共享，物流信息化水平不断提升。此外，物流企业积极推广应用装卸搬运、分拣包装、加工配送等专用物流装备和智能标签、跟踪追溯、路径优化等技术，提高了物流运行效率。

二、广东省绿色物流发展实践探索

自哥本哈根会议以来，"绿色""低碳"几乎得到了全世界的认同。广东作为全国第一经济大省，自 2010 年成为全国首批低碳试点省份以来，在低碳减排方面勇担重任，积极调整能源结构，采取多种措施提升减排意识，推动低碳经济的发展，超额完成"十二五"的节能降耗目标。然而，在广东省各行业能源消耗中，物流业的能源消耗历年占比都达到 10% 以上，《广东省现代物流业发展规划（2016—2020 年）》中提出"倡导绿色物流理念，积极发展低碳物流"[①]。中国政府承诺到 2020 年，要在 2005 年的基础上减排二氧化碳强度 40%—45%，这也必将分解到广东省低碳物流的发展战略当中。

（一）广东省绿色物流发展典型案例

广东南方物流集团是国家 5A 级现代综合物流与供应链管理服务企业，也是"中国物流百强企业""广东省企业 500 强"。集团的业务范围主要包括综合物流解决方案、物流园开发与运营、城市共同配送、电子商务物流、供应链金融、危险品物流及港口物流。

广东南方物流集团有限公司积极响应国家低碳经济发展战略[②]，先行先试，投资建设广东状元谷电商物流产业园（简称，状元谷园区，如图 4–18 所示），并积极探索低碳物流园区发展的新路子。状元谷园区定位为华南区货物集散中心和珠三角配送中心，园区将利用公路、铁路、港口、航空多式联运的营运模式，最大限度地发挥最高效率、最低成本、最低能耗的模式运行，获得市场客户认可。该项目运用低碳节能环保的理念，实现了资源与能源节约，做好了环境保护、景观工程的建设，并广泛开展低碳宣传，努力打造国家级

---

① 胥爱霞．广东省物流业低碳化发展策略探析［J］．江苏科技信息，2017（27）：8-10.

② 佚名．低碳物流园区建设与运营创新实践［J］．中国物流与采购，2017（8）：6.

低碳生态示范园区，广泛传播物流园区低碳生态理念，引领低碳生态发展潮流，从而实现良好的社会效益和经济效益。

图4-18　广东状元谷电商物流产业园

1. 状元谷物流园的主要功能

状元谷电商物流产业园主要体现两类功能：对外辐射功能和内部功能。

（1）对外辐射的综合运输优化功能。由于园区地处综合运输网络节点，交通十分便利，货源地、目的地、集散地、综合运输各种方式的接驳等方面都体现出巨大的优势。用户可以节省运输距离，优选运输方式，提高运输效率，因车辆周转率所带来的运输能耗降低8%以上，这是物流运输领域的最大节约，节能减排效果明显。为了达到这个目标，园区重点考虑了与黄埔港、广州铁路货站、公路货运场站及珠三角机场的有效对接，开辟了专门的合作渠道；同时，园区内部建设上也为了更有效地发挥综合运输的节点效应，专门设计了各类集装箱装卸位、跨境监管、代码与信息系统共享等功能，极大地发挥了物流节点在综合运输效率方面的作用，进而大幅度地实现了优化运输方式、减少运输距离和运输环节、各种运输方式一体化的联运目标。

（2）内部建设的低碳发展功能。按照"高定位、高起点、高标准"原则建设，主要建设内容包括资源节约、能源节约、环境保护、景观工程四个方面。

①资源节约方面：在功能布局和空间利用上，设施方案始终贯穿"集约使用土地、综合使用空间"的理念，一期工程在土地使用率上，以2.5—3.0的容积率建设多层仓库，组合式建筑结构，充分考虑生态、采光、通风、能耗、舒适度打造，并建设立体货仓、仓库连桥、组合装卸位空中花园办公区等，有效利用空间，彻底改变了物流园区单层仓库、大堆场、大停车场的浪费局面。同时，园区建设了水资源收集处理循环利用系统，通过循环水基本可以保证园区的绿化灌溉、景观瀑布、环境卫生、加湿作业、冷却、洗车等用水，大大节约了水资源。园区所有的供水龙头都采用了节水自动控制技术，节水效果十分有效。

②能源节约方面：园区各主体建筑在设计时就按节能要求采用了多项新技术、新设备和新工艺来保证节能效果，主要体现在大型仓库的水帘风压降温代替传统的空调，运输设施和装卸设备方面重点考虑了电梯、叉车、装卸升降台、无负压供水等设备设施的节能功能和能耗控制，节能灯具及其自动感应节电控制，创造性地设计建设了空中花园办公区，最大限度地利用自然光。现代物流园区凭借其综合全面的优势，已成为物流的重要表现形式。然而，目前我国在物流园区建设过程中却处于高能耗获取高增长的不良运行模式当中。为了达到节能的目的，园区还成规模地建设了光伏发电系统、太阳能路灯系统。节能监控系统对所有能源消耗都有监测控制功能，并采用了能耗控制目标责任制。

③环境保护方面：状元谷园区的功能定位就是高端的、有包装类产品的仓储物流，对环保要求特别严格，如亚马逊入驻的环保条件十分严苛，有138项与环保相关的指标要求，如温度、湿度、通风、噪声、粉尘、烟雾、气味、震动、尾气排放等，确保园区环境指标达到国际先进标准。对进出车

辆的排放标准也有较高的要求，并且通过提高装卸周转率、车辆周转率来提高运输效益，节能减排。

④景观工程方面：状元谷园区堪称花园式生态园区，建有空中花园办公区、庭院式停车场、绿化防护林、景观瀑布、景观休闲区、园区绿道、屋顶绿化和阳台花木、沥青路面，配有公共自行车驿站、公交车站等绿色出行设施。根据园区地貌特点，为减少和降低自然灾害发生，防止泥石流和山体滑坡，建设大型山岭体防护工程，有效地保护了生态环境；此外，为避免周边化工产业对园区的影响，建设有约 1000 米长、15 米宽的绿色防护林带，有效地阻挡了废气。

2. 状元谷低碳物流园的创新点

状元谷园区在低碳理念下，通过建筑物的选型、选址来充分利用自然风、自然光，通过使用新能源、水循环来减少碳排放，利用新材料、新工艺来减少对能源的需求，其整体实现了绿色配置的集成，更大程度地减少了对自然环境的负面影响。主要创新点体现在以下三个方面：

（1）技术创新。创新成果在技术层面实现了多项"首次"突破：首次在我国亚热带地区大型仓储建筑中成功运用了蒸发冷却降温设施，实现了仓库库房降温能耗降低 40%；首次采用了节能环保型虹吸式雨水系统；首次在大型仓储建筑中采用高效围护结构热桥阻断构造、塑脂 EPMC、发泡水泥防火保温板等新型环保功能建材或构造；首次在大型仓储建筑中采用外幕墙超薄型石材蜂窝铝板组合、路面施工新工艺。

（2）管理创新。①组织领导：成立了相关的组织领导机构："低碳生态园区建设领导小组""能源监控管理小组""运营管理创新领导小组"，设立节能监控、环保监控专职岗位。②制度建设：建立健全管理制度。③状元谷园区的主要相关制度包括：园区能源监控管理制度、运营管理、安防管理、安全生产管理、消防控制室管理、特种设备使用、货运车辆安全生产、货运车辆岗位安全职责、物业与环境管理，节能环保目标责任制。④能力建设：园区建有企业能源管理中心和节能减排监测系统。实现系统性节能降耗的管控一体化，对能耗、环境实时监控、数据分析、能耗预警、能效对标、能耗预测等。⑤宣传培训：项目开展节能环保宣传培训，除对园区广泛开展宣传外，还每年接待超过 300 批次，不下于 20000 人的参观交流。⑥项目信息化建设水平：状元谷园区建有一卡通智能化管理系统、智能化车辆管理系统、视频安全监控系统、中央广播系统、园区智能管理中心、智能管理公共服务平台，打造高端智能化基地，完全实现了无纸化办公。

（3）运输创新。①优化运输路径：加强信息共享，优化物流配送路径，合理选择运输路线，大大减少运输过程中的碳排放量。尽量选择直达运输，较少中转，提高运输速度。②采用低碳运输体系：物流企业的车辆空载率较高，并伴有返程或启程空驶、重复运输、运力选择不当以及运输时效性低等问题，也造成了碳排放的大大增加。园区采用国际上通用的综合运输方式，充分发挥各运输优势的优越性，协调整个运输过程，从而对物流园区进行合理规划。做好物流中心及配送中心的低碳物流工作，可以从根源上改善园区交通状况，减少污染，改变高碳增长方式，提高效率。

3. 状元谷低碳物流园建设的重大意义

物流园区的建设是当今经济可持续发展的重要组成部分，状元谷低碳物流园区的建设与运营对物流行业的可持续发展具有重要意义。

首先，从物流园区建设借鉴层面看，南方物流状元谷物流园区在项目建设中，体现了低碳物流的特色，推动了产业集聚，降低了园区能耗，为物流园开展低碳建设提供了很好的示范效应，成为绿色物流场站的标杆，成为商务集聚发展的典范。

其次，从区域低碳物流发展层面来看，南方物流状元谷物流园区为区域建设节能环保物流园区起到推波助澜的示范效应。状元谷全方位打造低碳生态示范园区，将会成为"低碳广东、生态广东"一张靓丽的名片，促进广东省涌现出更多优秀的低碳建设范例。

最后，从社会物流场站低碳建设层面来看，状元谷园区注重对需求资源的整合，集聚多家制造企业和商贸企业的物流需求以及公、铁、水联运，干线运输和城市配送，大宗物流和加工分拨等各种物流需求，在园区实现"无缝对接"；整合多家专业物流企业和社会车辆，为社会提供"全而优"的物流服务"综合体"；从园区的内部运营来说，通过各类设施配合、功能衔接、流线组织等方面的规划设计，能够带来碳排放的降低。这些都能够给国内其他相关物流园区提供经验借鉴。

（二）广东省绿色物流发展现状

1. 广东省物流业能源消耗情况

笔者通过对历年《广东统计年鉴》相关数据分析发现，2010—2019 年，广东省物流业的能源消耗在全省的比重远远高于其生产总值所占比重（具体数据如表 4-20 所示），与其所做经济贡献占比不匹配，远低于发达国家的先进水平。自 2010 年以来，物流业生产总值占地区生产总值的比重呈缓慢下滑趋势，与之相反，物流业能源消耗总量占地区能源消耗总量的比重却缓慢上升，从 2010 年的 10.28% 上升到 2019 年的 11.17%，上升了近 1 个百分点。

但 2020 年和 2021 年该现象有明显的好转，物流业生产总值占地区生产总值的比重呈上升趋势，与之相匹配的是，物流业能源消耗总量占地区能源消耗总量的比重呈明显下降趋势，从 2019 年的 11.17% 下降至 2021 年的 8.98%。

表4-20　广东省交通运输、仓储和邮政业生产总值及能源消费量统计

年份	地区生产总值（亿元）	物流业生产总值（亿元）	比重（%）	地区能源消耗总量（万吨标准煤）	物流业能源消耗总量（万吨标准煤）	比重（%）
2010	45944.62	1670.49	3.64	27195.14	2796.9	10.28
2011	53072.79	1889.87	3.56	28479.99	2796.9	9.82
2012	57007.74	2100.81	3.69	29144.01	2950.94	10.13
2013	62503.41	2237.3	3.58	30179.7	3385.94	11.22
2014	68173.03	2490.13	3.65	29593.26	3034.23	10.25
2015	74732.44	2662.73	3.56	30145.49	3152.46	10.46
2016	82163.22	2877.45	3.5	31240.75	3510.58	11.24
2017	91648.73	3166.69	3.46	32341.66	3607.82	11.16
2018	99945.22	3363.48	3.37	33330.3	3708.77	11.13
2019	107986.92	3657.96	3.22	34141.89	3814.82	11.17
2020	111151.63	3370.13	3.03	34502.92	3395.70	9.84
2021	124369.67	3957.31	3.18	36821.42	3307.71	8.98

2. 绿色低碳运输方面的情况

绿色低碳运输方面的情况主要表现为：

（1）运输能耗大、空载率高。据调查，广东省所有物流企业现行的运输方式中，因为公路运输的灵活性最高，且受到铁路运输满负荷的运作和水路受地理位置局限性的限制，使得大部分物流企业不得不选择高排放高能耗的公路运输，因此，公路货运量在所有运输方式中居于首位。而由于物流企业的规模相对较小，为了节省成本，企业的空驶率大都在30%以下，但仍有47%的企业空驶率在30%—50%。

此外，广东省物流营运车辆所使用的能源主要有柴油和汽油，73%的物流企业使用柴油，剩下的27%使用汽油，使用其他能源的甚少。虽然柴油较汽油更加环保和健康，但是柴油含更多的杂质，燃烧时也更容易产生烟尘，

造成空气污染。除了烟尘所造成的污染，其硫氧化合物污染也是一个问题。调查显示，49.31% 的企业的营运车辆每 100 公里的平均耗油量在 10L—20L；28.47% 的企业在 20L—30L；20% 的企业平均耗油量在 30L 以上，平均耗油量在 10L 以下的不足 1%。

（2）物流业低碳运输能力不足。通过对相关数据的计算可知，承担公路货运的车辆每年使用的柴油和汽油的碳排放在广东省物流业碳排放总量中的占比均超过 65%。尽管广东的新能源汽车销量在逐年上升，但由于动力及连续性等问题，其主要使用领域是出租车与私家车，还没有应用到物流行业。此外，在货运车辆中，厢式货车数量占比不到 50%，集装箱运输车辆的数量更是不足 5%，低碳运输能力不足。

3. 绿色低碳仓储与配送方面的情况

经课题组开展深入调查发现，广东省约 62% 的企业的仓储运作模式都是以手工作业为主，信息处理很少能做到计算机化。以手工作业为主既降低了工作效率，还增加了企业的物流成本，而且会影响企业的物流服务水平，甚至还可能因为信息不通畅导致车辆利用不合理，增加企业的碳排量。由于大部分物流企业的个体规模小，对低碳不太重视等原因，超过七成的企业在仓储过程中未使用节能设备，足以证明大多数企业没有对"低碳理念"引起相应的重视，低碳意识薄弱。

三、广东省海上丝绸之路绿色经济带有关物流的发展现状

广东作为经济总量和进出口总值均超 1 万亿美元的全国第一经济大省和第一贸易大省，同时又是古代海上丝绸之路的主要发祥地，在中国与东盟各国共同建设 21 世纪"海上丝绸之路"中有着不容小觑的地位，并发挥着不可忽视的重要作用。

根据国家信息中心发布的"一带一路"大数据系列报告显示，广东省在全国各省（市）"一带一路"参与度指数排名中，多年位居第一。以 2014 年为例，广东省与 21 世纪海上丝绸之路沿线国家的贸易总额接近 1200 亿美元，占中国与 21 世纪海上丝绸之路沿线国家贸易总额的五分之一。对于中国（广东）自由贸易试验区而言，除了发挥好对接港澳、加速粤港澳大湾区建设的作用；另一方面，是要重视发挥自身在中国与周边国家共建 21 世纪海上丝绸之路中的关键节点作用。这就给广东省的港口物流发展规模、基础设施建设、低碳减排都带来了机遇和挑战。①

（一）发展规模

广东外贸进出口货物的 90% 通过港口运输，能源、原材料等大宗散货进口的 95% 通过港口完成，广东港口物流量随着外贸规模的扩大而迅速增长。2021 年，广东港口货物吞吐量达 209600 万吨，深圳港口货物吞吐量为 2877 亿吨，广州港口货物吞吐量为 2447 亿吨，深圳、广州港口集装箱吞吐量分别位居全国第三、第四，湛江、珠海、佛山、东莞、中山等港口货物吞吐量也超过亿吨。

2018 年，广东与印度尼西亚的进出口额为 1042.10 亿元，比 2013 年增加 360.29 亿元，印度尼西亚在广东的外贸份额由 1.02% 上升到 1.45%。在此影响下，广州港进出印度尼西亚的货物占广州港的比例，由 2013 年的 0.07% 上升至 2018 年的 0.34%。2018 年，南沙港外贸航线比例提升至 75%，特别是对非洲的港口货物进出量迅速提高，航线覆盖了非洲 40 多个港口。另一方面，广东港口物流内部结构发生变化。广东东翼、深圳、汕头地区港口吞吐量占全省的比重随进出口额占全省比重下降而下降。以深圳为例，2018 年进出口

---

① 苏明."海上丝绸之路"倡议下广东外贸对港口物流发展的影响及对策探讨［J］.对外经贸实务，2020（09）：93-96.

额占全省的比重较 2014 年下降 3.43 个百分点，港口吞吐量占全省的比重较 2014 年也下降 1.58 个百分点。

（二）基础设施建设

全省大小港口 100 多个，其中，沿海港口 30 多个，内河港口 70 多个。以珠江口南沙为中心，方圆 150 公里范围内聚集着深圳、广州、香港特区三大世界级集装箱港口，大小港口 30 多个，部分航道共用，货代企业也有 15000 余家。随着广东省发改和委员会印发和下达《粤东港口群发展规划（2016—2030 年）》文件，① 广东省将会进一步系统建设港口基础设施。

除了省政府不断加强顶层设计之外，贸易带来的需求，势必需要对现有的港口物流设施进行产能升级。为了达到这个目的，一方面，企业通过投资持股、兼并收购、BOT 等多种方式参与海上丝绸之路沿线国家的港口物流设施建设，如招商局港口、中远海运港口、青岛港国际等中国企业都有参与相关项目。另一方面，海上丝绸之路沿线国家和地区参与广东的港口物流设施投资建设。譬如，巴基斯坦瓜达尔港、斯里兰卡科伦坡港、吉布提港、意大利瓦多码头等港口经中国企业建设运营后，港口吞吐能力提升迅速。亚的斯亚贝巴至吉布提的疏港铁路通车后，为吉布提港口提供 70% 的港口货源。

（三）低碳减排

国家发改委于 2010 年印发《关于开展低碳省区和低碳城市试点工作的通知》，正式启动低碳试点工作，并将广东省纳入 5 省 8 市试点范围，"十二五"期间的控制目标是单位生产总值二氧化碳排放（即碳强度）下降 19.5%，

---

① 广东省发改和委员会.《粤东港口群发展规划（2016-2030 年）》.［EB/OL］.http://drc.gd.gov.cn/attachements/2019/01/09/15fda103c3bd35660bbe22f9d3dc6875.pdf.

"十三五"期间碳强度下降 20.5%，2 项指标均为全国最高。[①] 为贯彻落实国务院控制温室气体排放工作方案，广东省制定《广东省低碳试点工作实施方案》，并逐年发布低碳省试点工作要点，从而使得碳排放总量得到有效控制，为了助推中国与丝路沿线国家成为海洋国际治理的"互信共同体""责任共同体"以及"利益共同体"提供有利的支撑。

第一，广东省仍然需要完善政策保障体系，完成 21 世纪海上丝绸之路蓝碳计划目标。第二，需要增强科技支撑能力，引导科研力量加大对蓝碳重点关键技术的投入。第三，需要拓展国际交流合作，使得先进技术可以"引进来""走出去"。第四，发挥示范带动作用，通过试点工作，启动蓝碳技术支撑体系建设，研究制定海洋生物固碳技术规程、蓝碳监测计量评价体系以及海洋生物固碳产业评价指标体系，并与 21 世纪海上丝路沿线国家共享成果。

第五节　海南省绿色物流发展现状分析

一、海南省物流业发展现状

海南省是中国的经济特区、自由贸易试验区。地处中国华南地区，北以琼州海峡与海南划界，西临北部湾与广西、越南相对，东濒南海与台湾省对望，东南和南部在南海，与菲律宾、文莱、马来西亚为邻，物流业的发展可以对海南省起到优化资源配置、进一步增强海南省经济实力的有效需求。

近年来，海南省经济运行稳中有进，高质量发展支撑有力。2021 年，地

---

① 王成荣 .21 世纪海上丝绸之路背景下的广东省蓝碳发展研究［J］.海洋开发与管理,2017,34（08）: 39-43.

区生产总值由 2009 年的 6475.2 亿元提升到 1620.28 亿元，比上年增长 16.33%

（如图 4–19 所示）。其中，第一产业生产总值为 1620.28 亿元，占比 19.37%；

第二产业生产总值为 1238.8 亿元，占比 19.13%；第三产业生产总值为 3981.96

亿元，占比 61.50%（如图 4–20 所示）。三种产业占全国总比重分别为 1.61%、

0.32%、0.72%。（如图 4–21 所示）[①]。

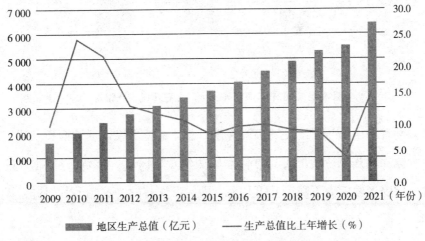

图 4–19　2009—2021 年海南省 GDP 及增速变化趋势

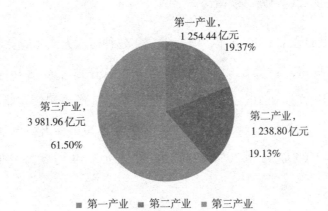

图 4–20　2021 年海南省三大产业增加值及占比情况

---

① 海南省统计局 . 海南省统计年鉴 2009—2021. ［EB/OL］.https：//www.hainan.gov.cn/hainan/tjnj/
list3.shtml. 本章下文关于海南省的相关数据没有特别标注的，均来自于历年海南省统计年鉴 .

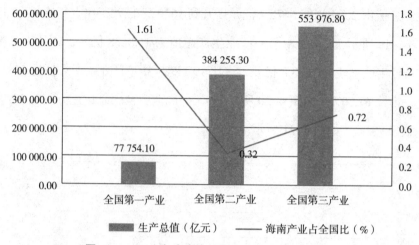

图 4-21 2021 年海南省三大产业在全国占比情况

海南省物流业与经济发展协调并进，总体保持平稳适度的增长态势，表现在物流需求规模持续扩大、物流运营成本缓慢下降、物流业发展水平逐步提升、货物运输能力不断提升等几个方面。下文将围绕这几个方面进行详细阐述。

（一）物流货运总量持续增长

从物流货运量看，2019 年，海南省全年各种运输方式完成货运量 28039 万吨，完成货物周转量 87847951 万吨公里，快递业务量为 14503.86 万件（如表 4-21 所示）。2010—2021 年间，货运量、货运周转量、港口吞吐量、快递业务大体保持快速增长，但邮电业务总量于 2020 年开始明显下滑，从 2019 年的 899.09 亿元到 2020 年的 148.30 亿元，再到 2021 年的 166.174 亿元。

表 4-21　2010—2021 年海南省物流量供给情况

年份	铁路营运长度（公里）	公路通车里程（公里）	货运量（万吨）	货物周转量（万吨公里）	主要港口吞吐量（万吨）	邮电业务总量（亿元）	快递业务量（万件）
2010	832	21236	22481	10035600	9662	76.74	681.20
2011	832	22916	25141	13780103	10905	91.88	953.50
2012	832	24265	26906	15570832	11792	103.28	1123.60
2013	832	24852	28834	13993400	10130	110.44	2226.86
2014	832	26002	23081	14982718	14164	139.43	2248.55
2015	1172	26860	22330	11931507	15356	183.00	2953.04
2016	1172	28217	21828	10735288	16390	142.84	4869.35
2017	1172	30684	21397	8797201	18473	270.03	5915.77
2018	1172	35023	22093	8935886	18282	590.83	7107.05
2019	1172	38107	18552	16670709	19839	899.09	8143.41
2020	1172	40163	20737	36943757	19895	148.30	11012.23
2021	1172	41046	28039	87847951	20373	166.74	14503.86

进一步对比海南省铁路、公路、水运和航空运输方式的货运量，可以发现，水路货运量最高，远高于其他运输方式，而航空运输费用比较高，其货运量最低，远低于其他运输方式。从海南省货物周转量来看，公路货物周转量最高；其次是铁路货物周转量（如表 4-21 所示）。

表 4-22　2010—2019 年各种运输方式下的货运量及货物周转量

年份	货运量（万吨）					货物周转量（万吨/公里）		
	合计	铁路	公路	水路	航空	合计	铁路	公路
2010	22481	546	13947	7966	22.5	10035600	95933	908213
2011	25141	696	15095	9326	24.3	13780103	121360	971395
2012	26906	753.6	16600	9528	24.8	15570832	123176	1093533
2013	28834	964	17367	10476	27	13993400	154700	1203300
2014	23081	870	10983	11199	29	14982718	150551	815033
2015	22330	791.6	11279	10229	30.6	11931507	150048	786600

（续表）

年份	货运量（万吨）					货物周转量（万吨/公里）		
	合计	铁路	公路	水路	航空	合计	铁路	公路
2016	21828	800	10879	10114	35.6	10735288	145801	761123
2017	21397	972	11223	9165	37.2	8797201	177965	786060
2018	22093	1078	12052	8921	42.2	8935886	199300	845547
2019	18552	1185	6769	10552	46.1	16670709	202105	408023
2020	20737	1181	6852	12682	21.4	36943757	204022	413408
2021	28039	1120	7608	19282	29.2	87847951	195688	447224

（二）物流主体供给实力不断增强，物流服务能力显著提升

自 2010 年以来，海南省物流企业数量持续激增，物流服务能力显著提升，物流企业的品牌认同度不断提升。如图 4-22 所示，2011 年海南省物流企业法人单位（以运输、仓储和邮政业企业单位数来统计）有 879 家，继而一路呈上升趋势，到 2021 年达到 4893 家，比 2011 年增长 557%。其中，2021年物流企业法人单位数增长率最高，达到 67.22%。

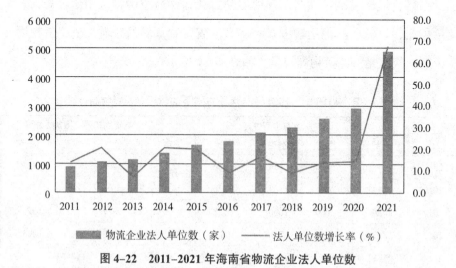

图 4-22　2011-2021 年海南省物流企业法人单位数

数据来源：海南省物流行业协会

（三）物流业发展水平逐步提升

作为服务业的重要组成部分，海南省物流业在推动第三产业的发展中发挥着举足轻重的作用。如表 4-23 所示，海南物流业增加值一直呈上升趋势，说明其物流业发展水平在逐步提高。物流业增加值从 2010 年的 970.06 亿元提升到 2021 年的 3981.96 亿元。同时，物流业增加值占全国物流业增加值的比重呈现逐年缓慢上升趋势，由 2010 年的 0.51% 上升到 2021 年的 0.75%（如图 4-23 所示）。

表 4-23　海南物流业增加值、增加速度及占 GDP 比值

年份	海南省交通运输、仓储和邮政业增加值（亿元）	海南省第三产业增加值（亿元）	海南省交通运输、仓储和邮政业增加值增长速度（%）	海南省交通运输、仓储和邮政业增加值占第三产业增加值比重（%）	海南省增加值占全国增加值的比重（%）
2010	96.42	970.06	13.16%	9.94%	0.51%
2011	109.38	1155.94	13.44%	9.46%	0.50%
2012	124.61	1358.31	13.92%	9.17%	0.52%
2013	135.41	1641.35	8.67%	8.25%	0.52%
2014	150.04	1829.34	10.80%	8.20%	0.53%
2015	176.92	2015.99	17.92%	8.78%	0.58%
2016	188.89	2261.51	6.77%	8.35%	0.57%
2017	213.94	2538.35	13.26%	8.43%	0.58%
2018	224.22	2871.59	4.81%	7.81%	0.56%
2019	255.95	3168.08	14.15%	8.08%	0.60%
2020	257.64	3358.02	0.66%	7.67%	0.63%
2021	352.82	3981.96	36.94%	8.86%	0.75%

数据来源：海南省统计年鉴 2010—2020、中国统计年鉴 2010—2020。

图 4-23　2010—2021 年海南省交通运输、仓储和邮政业增加值情况

二、海南省绿色物流发展实践探索

目前，海南省主要以加快自由贸易港建设为抓手，以深化供给侧结构性改革为主线，继续改善物流业的营商环境，推动物流业的降本增效。海南属于岛屿经济，进出岛的贸易运输离不开海运，主要依靠港口完成。因此，海南省绿色物流的发展着重于物流业的运输、仓储和港口[①]。下文将围绕以下几个方面对海南省绿色物流发展进行时间探索。

（一）用新能源汽车对绿色运输进行引领

2019 年 3 月，海南省工信厅出台了《海南省清洁能源汽车发展规划》，发展清洁能源汽车是海南省推进生态立省战略的关键步骤，需要围绕以下几个方面实现相关目的。

（1）需要充分利用海南省的清洁化能源优势，用以满足新能源汽车的充

---

① 王明严，王夏贞.新科技引领下的海南省绿色物流发展路径探索［J］.物流科技，2021，44（08）：115-119.

电需求。海南省的风能、潮汐能、太阳能光伏、天然气及核电等清洁能源资源储量丰富，能够保障需求，从而实现节能减排的目的。

（2）完善新能源汽车的相关基础设施建设。新能源汽车的绿色运输推广需要在车、地、电、气、桩、站、网等多方面上加大资金投入，从而完善基础设施，达到与城市的交通、发展和能源规划能够互相匹配的目的。

（3）加快完善物流企业使用新能源汽车的相关政策的速度，鼓励更多物流企业使用新能源汽车，完善新能源汽车的售后服务，加大各市级政府推广新能源汽车的力度，让更多物流企业减少购买和使用新能源汽车的顾虑。

（4）加强对物流企业使用新能源汽车的科普和宣传。通过线上宣传、线下科普等多种形式，使得物流企业全面认识新能源汽车。加大新能源汽车示范应用的推广力度，引导物流行业将传统高污染的物流车替换为新能源汽车，从而达到提升物流各环节中新能源汽车的使用比例的目的。

（二）使用人工智能技术

人工智能有助于推进海南省的绿色物流发展。利用人工智能加强智能物流装备推广、建立智能仓储系统、产品质量认证和追溯系统、智能配货调度系统等，提高物流运作效率，减少物流资源耗费，需要围绕以下几个方面实现相关目的。

（1）加快加深人工智能在物流各环节中的应用，引领物流行业的智能化升级，从而全方位实现物流行业标准化。

（2）打造物流信息云平台，实现物流行业信息化、公开化、透明化。将物流供应链中的各环节信息流与实体物流同步，有助于优化运作流程和协同作业，并且可以更好地整合物流资源，减少信息的不对称性。

（3）加强人工智能在物流行业的应用，同时引进高端物流人才，从两方面助推海南省绿色物流发展。

（4）基于海南省港口效率低下的问题，人工智能可以完善港口的信息系统，发展自动化码头，提升港口的装卸速度，从而提升生产效率，实现绿色运输，加强绿色港口建设。

（三）结合 5G 技术

目前，海南省全岛已全面接通 5G 网络，在全国率先实现了县县通 5G，且正在推进海南高速公路沿线 5G 应用部署的建设。5G 应用可以推进绿色物流的升级和绿色供应链的可视化，在 5G 技术引领下，需要围绕以下几个方面实现相关目的。

（1）利用"5G+ 车联网"，完善交通监测系统，优化物品的运输方案和配送路径，提高效率并减少物流运输损耗；推出无人驾驶配送方案，利用 5G 技术精确控制交付货物的路径，节省成本，提高配送效率。

（2）利用"5G+ 物流追踪"，推进使用电子面单，实现物流包装的标签电子化，更好地动态追踪在途物流品，减少对运输品的追踪成本，提高物流品的及时定位和追踪效率；利用 5G 技术完善快递包装回收体系，尤其是物流包装物的废弃处理、分类回收和循环利用。

（3）构建智能港口，利用 5G 技术推动港口操作的智能化，帮助港口设备和生产系统同步协调，实现货船的人工智能分析，提升港口运营效率。

三、海南省海上丝绸之路绿色经济带有关物流的发展现状

（一）海南省区位优势

海南省能够融入"'一带一路'战略"目标，是由于海南省自身的积极条件：完备的基础设施、充足的政策支持、地理位置优越。正是因为这三个原

因，海南省才能抓住"一带一路"的机遇，加强对外贸易。

1.完备的基础设施建设

"一带一路"提出之后，海南省的物流业在持续发展，交通也在不断地建设和完善。例如，在航空方面，2016年相比2014年的海口美兰国际机场新增43条国内外航线，三亚凤凰国际机场在2016年也增加了42条，就目前来看基本已经构建了一个东南亚航空网络图。除此之外，海口的美兰机场二期也在进一步的扩建，三亚也在建立新的机场，博鳌也在策划扩建[①]。

2.政府政策的扶持

旅游业一直是海南省经济的支柱产业。在这个地区的国际旅游岛从旅游上升到国家战略的层面，在内部设立了海口以及洋浦保税区，同时为26个国家的旅游团设置免签政策，这一政策支持，也为海南物流业的发展提供了诸多的可能性。与此同时，海南省发改委也印发了《关于制造良好环境推动交通物流发展的策略》，从而促进了物流业的发展。

3.海南是从东南沿海到东南亚的"商贸枢纽"，面对的是整个东南亚市场

据2016年数据统计，东盟共同体人口超6.25亿，总面积450万平方公里，GDP总量2.5万亿元，市场潜力巨大。东南亚西、南、东三面与中国隔海相望，这为海上贸易提供了天然需求，在自贸港的政策利好下，大宗物流通过海南进入内陆市场，海南完成"商贸中转枢纽"作用的同时，也将产生一个世界级的物流中心。

（二）发展存在的问题

海南省在海上丝绸之路的绿色物流发展道路上还存在着一些问题，影响其发展进程。

---

① 林麟."一带一路"背景下海南物流业战略选择及保障措施研究［J］.中国商论，2020（15）：32-33.

1.缺乏绿色环保理念

港口的发展过程中，需要平衡好经济发展与环境保护两者的关系，不能盲目只注重追求经济利益。此外，为满足港口的日常生产和生活活动，会造成一定的资源浪费，其会产生污染物从而对环境造成严重破坏。所以，在平衡经济发展和保护环境的同时，也要对海岛的日常生活所产生的污染物进行有效处理。

2.缺乏有效的环境监督管理体系

目前，海南港口相关管理部门在发展绿色港口方面存在一定的盲目性。随着港口规模的扩大，势必会加大生态环境的承载力。海南港口在发展绿色港口方面缺乏统一有效的评价体系，这极大地阻碍了港口建设[①]。

3.顶层设计不合理，港口发展方式较为粗放

由于经济、环境和社会方面的压力，海南省各港口在应对自由贸易区、"一带一路"战略上的转型发展要求十分迫切。从目前海南的港口规划上看，港口发展过分注重追求效率及经济效益，从而会影响港口的可持续发展。在未来港口规划上要注重环境影响、加强环境保护，才能更好地贯彻落实生态发展要求。

4.港口在绿色发展的实践上过于局限

不能仅仅从提高能效、降低污染排放以及提高经济效益等方面着手，还应该对绿色港口建设发展有一个清楚的认识。如，应该将如何维护生物多样性、减少港口日常工作中产生的噪声污染纳入港口的发展建设当中。

---

① 王君红.自由贸易区背景下海南绿色港口发展研究［J］.现代营销（经营版），2020（04）：56-58.

第五章　海上丝绸之路经济带物流业、新型城镇化、生态环境协调发展研究

　　物流业、新型城镇化与生态环境之间存在着相互促进与相互制约的动态关联关系。一方面，城镇化的不断发展催生了区域内大量的物流需求，为区域内物流业发展提供了动力。另一方面，物流业通过保证社会生产和生活的供给，对城市的经济、文化以及社会生活产生了重要影响。此外，绿色发展是当今世界主流的发展方式，代表可持续发展的新型发展理念。面对大环境背景下的生态问题与经济发展需求，传统的快速城镇化与产业发展已不能满足，无论是物流业的发展还是新型城镇化的建设都要遵循绿色可持续发展这一理念。由此可见，实现物流业、新型城镇化、生态环境的协调发展对于提升绿色物流效率、推动可持续发展具有重要意义。为了更好地理解三者间的关系，从而促进区域经济的高质量发展，笔者基于2009—2020年海上丝绸之路经济带五省（市）的面板数据，构建物流业、新型城镇化、生态环境评价指标体系。运用熵权法、耦合协调模型对海上丝绸之路经济带三大系统耦合协调性进行实证分析。希冀本章的研究能够为政府制定绿色物流发展战略提供一定的参考。

第一节　指标选取与数据来源

一、指标选取

三大系统耦合协调度的分析必须建立在一系列科学的评价指标体系，指标体系的选择不仅要具有客观性，而且必须要符合海上丝绸之路经济带的发展特点。笔者通过系统分析关于物流业、新型城镇化和生态环境方面的文献，特别是涉及产业协调度方面的内容，构建了每个系统的评价指标体系。针对物流业、新型城镇化和生态环境初步构建三系统的评价指标维度。

（一）物流业综合评价指标体系

笔者通过对物流业相关重要文献的分析，并咨询相关行业内的专家学者，经过一系列的比较和筛选，确定了物流业的一级指标体系为物流业基础设施和物流业发展规模。其中，物流业基础设施既是物流业发展的基石，也是物流业可持续发展的重要保证，在此基础上，笔者根据海上丝绸之路经济带发展的特点，通过频度统计方法，进行二级指标的分析，进而通过列出备选的二级指标，以及专家打分的方法，最后确定铁路里程（公里）、公路里程（公里）、邮政营业网点（个），民用载货汽车拥有量（万辆）为物流业基础设施的二级指标。物流业发展规模主要表征区域物流业发展的成就，体现该区域物流业的实际情况和综合实力，其二级指标的选择最终确定为货运量（万吨）、货物周转量（亿吨/公里）、快递业务量（万件）、物流业增加值（亿元）、物流业就业人数（人）。物流业综合评级指标体系如表 5-1 所示。

表 5-1 物流业评价指标体系

系统	一级指标	二级指标	属性
物流业	物流基础设施	铁路里程（公里）	+
		公路里程（公里）	+
		邮政营业网点（个）	+
		民用载货汽车拥有量（万辆）	+
	物流发展规模	货运量（万吨）	+
		货物周转量（亿吨／公里）	+
		快递业务量（万件）	+
		物流业增加值（亿元）	+
		物流业就业人数（万人）	+

（二）新型城镇化综合评价指标体系

笔者通过对新型城镇化相关重要文献的分析，并咨询相关行业内的专家学者，经过一系列的比较和筛选，确定新型城镇化的一级指标体系为人口城镇化、经济城市化、社会城市化和空间城市化四个维度。其中，人口城镇化是人口数量和密度在城镇中的体现，也是新型城镇化的基石。在此基础上，笔者根据海上丝绸之路经济带发展的特点，通过频度统计方法，进行二级指标的分析，通过列出备选的二级指标，以及专家打分的方法，最后确定城镇人口占总人口比重（％）、城镇人口密度（人／平方公里）2 个二级指标；经济城市化主要表征区域经济发展的重要成果，体现城市经济发展的实力，其二级指标的选择最终确定为人均 GDP（元）、第二产业占 GDP 比重（％）、第三产业占 GDP 比重（％）、城镇居民人均可支配收入（元）4 个二级指标；社会城镇化重点在基础设施的建设和发展，体现经济发展的潜力和硬件基础，其二级指标的选择最终确定为每万人拥有公共交通车辆（标台）、每万人拥有公共厕所（座）、每千人口医疗卫生机构床位（张）、每十万人高等学校在校学生数（人）4个二级指标；空间城镇化从地理特色的视角，主要针对城镇土地资源的合理配置和空间布局，其二级指标的选择最终确定为人均城市道路面积（平方米）、城市建成区占市区面积比例（%）2个二级指标。新型城镇化综合评价指标体系如表5-2所示。

表5-2　新型城镇化综合评价指标体系

系统	一级指标	二级指标	属性
新型城镇化	人口城镇化	城镇人口占总人口比重（%）	+
		城镇人口密度（人/平方公里）	+
	经济城镇化	人均GDP（元）	+
		第二产业占GDP比重（%）	+
		第三产业占GDP比重（%）	+
		城镇居民人均可支配收入（元）	+
	社会城镇化	每万人拥有公共交通车辆（标台）	+
		每万人拥有公共厕所（座）	+
		每千人口医疗卫生机构床位（张）	+
		每十万人高等学校在校学生数（人）	+
	空间城镇化	人均城市道路面积（平方米）	+
		城市建成区占市区面积比例（%）	+

（三）生态环境综合评价指标体系

笔者通过对生态环境相关重要文献的分析，并咨询相关行业内的专家学者，经过一系列的比较和筛选，确定生态环境的一级指标体系为生态环境状态、生态环境压力和生态环境响应三个维度。其中，生态环境状态是直接反映该区域生态状况和生态治理水平的情况，在此基础上，根据海上丝绸之路经济带发展的特点，通过频度统计方法，进行二级指标的分析，通过列出备选的二级指标，以及专家打分的方法，最后确定森林覆盖率（％）、建成区绿化覆盖率（％）、人均公园绿地面积（平方米／人）3 个二级指标；生态环境压力主要是指区域污染程度和城市废弃物排放的相关情况，表现为对区域环境的破坏程度，其二级指标的选择最终确定为工业废水排放量（万吨）、工业二氧化硫排放量（万吨）、工业烟（粉）尘排放量（万吨）3 个二级指标；生态环境响应主要指政策层面对生态环境的治理能力。其二级指标的选择最终确定为一般工业固体废物综合利用率（％）、城市污水处理率（％）、生活垃圾无害化处理率（％)3 个二级指标。生态环境综合评价指标体系如表 5-3 所示。

表 5-3　生态环境综合评价指标体系

系统	一级指标	二级指标	属性
生态环境	生态环境状态	森林覆盖率（％）	+
		建成区绿化覆盖率（％）	+
		人均公园绿地面积（平方米／人）	+
	生态环境压力	工业废水排放量（万吨）	-
		工业二氧化硫排放量（万吨）	-
		工业烟（粉）尘排放量（万吨）	-
	生态环境保护	一般工业固体废物综合利用率（％）	+
		城市污水处理率（％）	+
		生活垃圾无害化处理率（％）	+

根据文献结果，并咨询专家，确定了三个系统各自的一级指标。其中，物流业的指标体系包括两个方面：一方面是物流业的基础设施，这能对物流业发展起到保障作用；另一方面是物流业发展规模，体现物流业发展取得的成效。对于中国的新型城镇化，许多学者都是从人口城镇化、经济城市化、社会城市化和空间城市化四个方面进行分析。我们遵循这个框架，从这四个角度构建主要指标。人口城镇化是城市人口集聚的表现，经济城镇化是城市经济发展的表现，社会城镇化体现的是城市基础设施的完善，空间城镇化反

映城市化过程中的土地利用变化。生态环境的指标体系包括三个方面：第一，生态环境状态，这是对生态现状和发展水平的反映；第二，生态环境压力，表现为废水、废气和废渣的排放；第三，生态环境响应，这体现的是政府对环境污染治理的重视及采取的措施。

然后，根据海上丝绸之路经济带实际情况，基于科学性、全面性、可获取性等原则，采用频数统计方法进行二级指标的筛选，并经过与专家协商调整，确定了各系统的二级指标。

最后，最终的复合系统评价指标体系得以确定。其中，物流业指标体系由 2 个一级指标和 9 个二级指标组成。新型城镇化指标体系由 4 个一级指标和 12 个二级指标组成。生态环境指标体系由 3 个一级指标和 9 个二级指标组成。在此基础上，运用熵权法确定各指标权重。

二、数据来源

本章聚焦于海上丝绸之路经济带的 5 个主要省（市），研究的时间为 12 年，时间跨度是 2009—2020 年，主要包括福建省、浙江省、上海市、广东省、海南省的相关数据。为了保证数据的客观性和真实性，数据的收集均来源《中国统计年鉴》《中国环境统计年鉴》以及海上丝绸之路经济带五省（市）统计年鉴、海上丝绸之路经济带五省（市）国民经济和社会发展统计公报。相关详细数据在附录中体现，以供读者查阅及研究。

第二节　研究方法

一、熵权法

熵权法是根据各变量信息载荷大小来确定权重的一种客观赋值法，其主要计算步骤为：

第一，构建样本标准化矩阵。

假设评价对象数量为 n，评价指标数为 m。对于正向型指标：

$$Y_{ij} = \frac{X_{ij} - \min(X_j)}{\max(X_j) - \min(X_j)} \qquad 式（5-1）$$

对于逆向型指标：

$$Y_{ij} = \frac{\max(X_j) - X_{ij}}{\max(X_j) - \min(X_j)} \qquad 式（5-2）$$

其中，X_{ij} 是指标原始数据；$\max(X_j)$ 是第 j 个指标数据的最大值，$\max(X_j)$ 是第 j 个指标数据的最小值；Y_{ij} 是标准化数据值。

第二，计算出各个指标的信息熵值。

求信息熵值：

$$E_j = -\frac{1}{Ln(n)} \sum_{i=1}^{n} p_{ij} Ln p_{ij} \qquad 式（5-3）$$

P_{ij} 值计算公式如下：

$$p_{ij} = \frac{Y_{ij}}{\sum_{i=1}^{n} Y_{ij}} \qquad 式（5-4）$$

其中，n 为评价对象数量；E_j 是指标的信息熵值。

第三，求各指标权重。

根据信息熵值求各指标的差异性系数：

$$g_j = 1 - E_j \qquad\qquad 式（5-5）$$

再求权重 W_j：

$$W_j = \frac{g_j}{\displaystyle\sum_{j=1}^{m} g_j} \qquad\qquad 式（5-6）$$

其中，m 为指标数量；W_j 是第 j 个指标权重。

第四，求综合发展指数。

综合发展指数即综合发展水平的量化值，计算公式如下：

$$U_i = \sum_{j=1}^{m} W_j Y_{ij} \qquad\qquad 式（5-7）$$

其中，U_i 表示第 i 个评价对象的综合发展指数；W_j 表示第 j 个指标的权重；Y_{ij} 是标准化数据值。

二、耦合协调度

耦合协调度是用来度量系统之间或系统内部要素之间在发展过程中彼此和谐一致的程度设 U1、U2、U3 分别代表物流产业、新型城镇化、生态环境 3 个系统发展水平综合指数，得到耦合度模型为：

$$C = \frac{3 \times (U1 \times U2 \times U3)^{\frac{1}{3}}}{U1 + U2 + U3} \qquad\qquad 式（5-8）$$

其中，耦合度 C 的取值范围为［0，1］，C 值越接近1，则耦合度越高，系统间的关联度越强；C 越接近0，则耦合度越低，也即系统间关联性越弱。

尽管耦合度能反映系统间交互影响的强弱，但无法反映出系统间协调发展水平。因此，需要引入耦合协调度模型：

$$T = aU1+bU2+cU3 \qquad 式（5-9）$$

$$D = (C*T)^{\frac{1}{2}} \qquad 式（5-10）$$

其中，D表示耦合协调度，C表示耦合度，T表示三系统的调和系数；a、b、c依次为三系统的待定系数，$a+b+c=1$。本文认为物流产业、新型城镇化、生态环境三个系统对长江经济带整体协调发展所起作用相同，故均取值1/3。耦合协调度划分标准如表5-4所示。

表 5-4　耦合协调度等级划分标准

序列	耦合协调度	协调水平	协调区间
1	$0 < D \leq 0.1$	极度失调	不可接受区间
2	$0.1 < D \leq 0.2$	严重失调	
3	$0.2 < D \leq 0.3$	中度失调	
4	$0.3 < D \leq 0.4$	轻度失调	
5	$0.4 < D \leq 0.5$	濒临失调	勉强接受区间
6	$0.5 < D \leq 0.6$	勉强协调	
7	$0.6 < D \leq 0.7$	初级协调	可接受区间
8	$0.7 < D \leq 0.8$	中级协调	
9	$0.8 < D \leq 0.9$	良好协调	
10	$0.9 < D \leq 1.0$	优质协调	

第三节　结果分析

一、各个指标权重分析

运用熵权法确定各个指标的权重，三大系统的 30 个详细指标和各自权重如表 5-5 所示。

表 5-5 物流业、新型城镇化、生态环境协调评价指标体系权重

系统	一级指标	二级指标	属性	权重
物流产业	物流基础设施	铁路里程（公里）	+	0.0693
		公路里程（公里）	+	0.0942
		邮政营业网点（个）	+	0.1280
		民用载货汽车拥有量（万辆）	+	0.1051
	物流发展规模	货运量（万吨）	+	0.0835
		货物周转量（亿吨/公里）	+	0.1021
		快递业务量（万件）	+	0.2756
		物流业增加值（亿元）	+	0.0710
		物流业就业人数（万人）	+	0.0712
新型城镇化	人口城镇化	城镇人口占总人口比重（%）	+	0.0945
		城镇人口密度（人/平方公里）	+	0.1016
	经济城镇化	人均GDP（元）	+	0.0651
		第二产业占GDP比重（%）	+	0.0602
		第三产业占GDP比重（%）	+	0.1050
		城镇居民人均可支配收入（元）	+	0.0702
	社会城镇化	每万人拥有公共交通车辆（标台）	+	0.0386
		每万人拥有公共厕所（座）	+	0.0966
		每千人口医疗卫生机构床位（张）	+	0.0516
		每十万人高等学校在校学生数（人）	+	0.1249
	空间城镇化	人均城市道路面积（平方米）	+	0.0819
		城市建成区占市区面积比例（%）	+	0.1097
生态环境	生态环境状态	森林覆盖率（%）	+	0.1645
		建成区绿化覆盖率（%）	+	0.0949
		人均公园绿地面积（平方米/人）	+	0.1687
	生态环境压力	工业废水排放量（万吨）	-	0.1977
		工业二氧化硫排放量（万吨）	-	0.0741
		工业烟（粉）尘排放量（万吨）	-	0.0817
	生态环境保护	一般工业固体废物综合利用率（%）	+	0.1093
		城市污水处理率（%）	+	0.0475
		生活垃圾无害化处理率（%）	+	0.0616

二、福建省三系统综合发展指数分析

根据上面式（5-7），计算出福建省物流业、新型城镇化、生态环境的综合发展指数（如表5-6、图5-1所示）。

表5-6　福建省物流业、新型城镇化、生态环境的综合发展指数

地区	时间	物流业指数	新型城镇化指数	生态环境指数
福建	2009	0.1403	0.2070	0.6003
福建	2010	0.1505	0.2390	0.6345
福建	2011	0.1590	0.2714	0.6120
福建	2012	0.1734	0.3036	0.7079
福建	2013	0.2009	0.3398	0.7291
福建	2014	0.2147	0.3708	0.7194
福建	2015	0.2381	0.3941	0.7209
福建	2016	0.2508	0.4091	0.7720
福建	2017	0.2708	0.4554	0.7505
福建	2018	0.2905	0.5299	0.7318
福建	2019	0.2958	0.5586	0.6905
福建	2020	0.3155	0.6102	0.7549

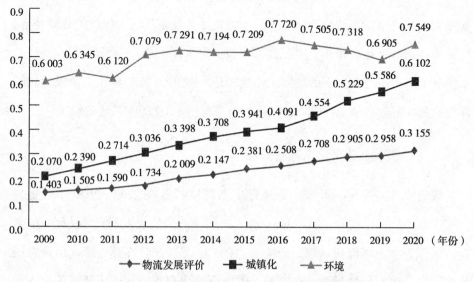

图5-1　福建省2009—2020年物流业、新型城镇化和生态环境指数

（一）福建省物流业指数分析

从表 5-6 和图 5-1 可知，福建省物流业在 2009—2020 年间呈现稳步发展的趋势，从评价值来看，2009 年为 0.1403，起点比较低，这是由于福建省物流基础设施建设起步较晚，物流综合运输体系还未形成，港口群的建设刚刚起步，海铁联运的体系还未建立，特别是影响物流配送体系的高速路网还未完善，随着时间的推移，福建省物流基础设施建设加快，高速路网和高铁网络迅速组网，三大港口群建设规模扩大，特别是"一带一路"战略的推进，福建省作为海上丝绸之路的核心区，以港口为核心的物流业发展迅速，2020 年评价值为 0.3155，是 2009 年的 2 倍以上。

（二）福建省新型城镇化指数分析

从表 5-6 和图 5-1 可知，福建省新型城镇化评价值在 2009—2020 年间呈现快速发展的趋势，从评价值来看，2009 年为 0.207，这说明城镇化的程度不高，这是由于 2007 年十七大报告中明确要坚持走中国特色的城镇化道路，促进大中小城市和小城镇协调发展，福建省才开始依托较为优势的县域经济，发展新型的城镇化，并在全国百强县域经济中崭露头角，特别是福州、厦门、泉州三个城市中心辐射下的新型城镇化加速。截止到 2020 年，新型城镇化的评价值为 0.6102，是 2009 年的 3 倍以上，新型城镇化的推进速度较快。

（三）福建省生态环境指数分析

从表 5-6 和图 5-1 可知，福建省生态环境指数在 2009—2020 年间呈现一定的波动趋势，波动区间在 0.6—0.75 之间，波动的幅度不大。从评价值来看，福建省生态环境指数起点较高，达到 0.6003，并且在其他产业迅速发展的过程中，生态环境指数也在增长，侧面反映出福建省在生态环境建设方面有一定的优势，并且保持了这种优势，2016 年开始增速加快，主要原因是福建省成为全国首个国家生态文明试验区，出台多项先行先试的政策和改革方案，大力推动了生态环境方面的改革力度，成为全国唯一一个保持水、大气、生态环境全优的省份。

三、浙江省三系统综合发展指数分析

根据式（5-7），计算出浙江省物流业、新型城镇化、生态环境的综合发展指数（如表 5-7，图 5-2 所示）。

表 5-7　浙江省物流业、新型城镇化、生态环境的综合发展指数

地区	时间	物流业指数	新型城镇化指数	生态环境指数
浙江	2009	0.2089	0.2994	0.4471
浙江	2010	0.2349	0.3187	0.3988
浙江	2011	0.2546	0.3332	0.4839
浙江	2012	0.2675	0.3567	0.5299
浙江	2013	0.2902	0.3760	0.5518
浙江	2014	0.3147	0.3942	0.5677
浙江	2015	0.3533	0.4192	0.5775
浙江	2016	0.3847	0.4394	0.6302
浙江	2017	0.4752	0.4547	0.5768
浙江	2018	0.5147	0.4802	0.5849
浙江	2019	0.5691	0.4981	0.5728
浙江	2020	0.6316	0.5219	0.6490

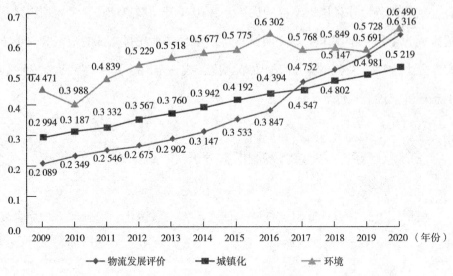

图 5-2　浙江省 2009—2020 年物流业、新型城镇化和生态环境指数

（一）浙江省物流业指数分析

从表 5-7 和图 5-2 可知，浙江省物流业在 2009—2020 年间呈现快速发展的趋势，从评价值来看，2009 年为 0.2089，起点相对较高，这是由于浙江省物流基础设施建设起步较早，物流综合运输体系已经形成，以宁波港为核心的港口群的建设发展迅速，长三角区域的经济优势明显，特别是浙江省在快递业方面在全国一枝独秀，这 12 年间也是快递业快速增长的时间，浙江省电子商务产业和快递业协同发展，大大推动了全省物流业的快速发展，形成了具有全球规模的电子商务产业群和快递产业群，并在"一带一路"战略的推进下，大力发展跨境电商物流体系，2020 年评价值为 0.6316，是 2009 年的 3 倍以上。

（二）浙江省新型城镇化指数分析

从表5-7和图5-2可知，浙江省新型城镇化评价值在2009—2020年间呈现稳定发展的趋势，从评价值来看，2009年为0.2994，这说明城镇化的程度起点较高，这是由于浙江省是中国中小乡镇企业的摇篮，城镇化起步较早，由于产业集群的带动，县域经济在全国较早地发展，尤其是小规模制造业特色明显，这些产业集群大多分布在县域经济中，带动乡镇规模的不断扩大，截止到2020年，新型城镇化的评价值为0.5219，是2009年的2倍左右，新型城镇化的推进速度相对平稳。

（三）浙江省生态环境指数分析

从表5-7和图5-2可知，浙江省生态环境指数在2009—2020年间呈现较大的波动趋势，波动区间在0.4—0.65之间，波动的幅度较大。从评价值来看，浙江省生态环境指数起点较低，这主要是由于浙江省产业集群发展较早，中小企业较多，产业发展迅速的同时，生态环境的破坏较为严重，特别是快递业发展带来的一些负面的环境问题也逐渐凸显。在2016年生态环境评价值达到0.6302后，有迅速下降，这说明在经济快速发展的同时，生态环境保护相对迟缓，出现了一定程度牺牲环境换取GDP增长的情况。

四、上海市三系统综合发展指数分析

根据式（5-7），计算出上海市物流业、新型城镇化、生态环境的综合发展指数（如表5-8、图5-3所示）。

表 5-8　上海市物流业、新型城镇化、生态环境的综合发展指数

地区	时间	物流业指数	新型城镇化指数	生态环境指数
上海	2009	0.1197	0.5249	0.4694
上海	2010	0.1498	0.5521	0.4511
上海	2011	0.1683	0.5386	0.4178
上海	2012	0.1598	0.5196	0.4648
上海	2013	0.1576	0.5314	0.4793
上海	2014	0.1795	0.5362	0.5037
上海	2015	0.2017	0.5469	0.5159
上海	2016	0.2114	0.5690	0.5376
上海	2017	0.2751	0.5973	0.5622
上海	2018	0.2516	0.6077	0.5330
上海	2019	0.2612	0.6302	0.5224
上海	2020	0.2717	0.6435	0.5304

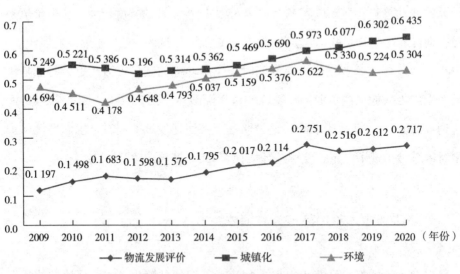

图 5-3　上海市 2009—2020 年物流业、新型城镇化和生态环境指数

（一）上海市物流业指数分析

从表 5-8 和图 5-3 可知，上海市物流业在 2009—2020 年间呈现稳定发展的趋势，从评价值来看，2009 年为 0.1197，起点相对较低，这是由于物流业属于低附加值产业，而上海市在产业发展过程中重点为高附加值产业的布局，上海市土地资源成本高，以公路体系为主的物流企业很难立足，上海市在物流业方面主要是在贸易和金融等方面占据优势，而物流业指数没有选取这方面的指标加入分析，这也是导致上海市物流业指数偏低的主要原因，特别是快递业的布局，一般都转移到浙江省和江苏省，这也导致上海市物流业的指数在这个时间区间内变动不是很明显，2020 年评价值为 0.2717，是 2009 年的 2 倍以上。

（二）上海市新型城镇化指数分析

从表 5-8 和图 5-3 可知，上海市新型城镇化评价值在 2009—2020 年间呈现稳定发展的趋势，从评价值来看，2009 年为 0.5249，这说明城镇化的程度起点高，这是由于上海市作为直辖市，城镇化起步早，是全球著名的金融中心和贸易中心，也是中国高端制造业中心和创新中心，截止到 2020 年，新型城镇化的评价值为 0.6435，新型城镇化的推进速度较慢，新型城镇化已经达到较高水平。

（三）上海市生态环境指数分析

从表 5-8 和图 5-3 可知，上海市生态环境指数在 2009—2020 年间呈现一定的波动趋势，波动区间在 0.45—0.53 之间，波动的幅度较小。从评价值来看，上海市生态环境指数起点属于中等，这主要是由于产业集中度高，人口集中度高，高附加值产业发展迅速的过程中，生态环境的平衡较难保持，在经济快速增长的同时，生态环境指数还可以较为稳定地增长，虽然增长幅度较小，但也从侧面反映出上海市在生态环境治理方面的能力有所提升。而人口密度过高、重工业集群较为集中，都是上海生态环境指数增长缓慢的重要因素，也为上海市产业转型绿色可持续发展提供了一定借鉴。

五、广东省三系统综合发展指数分析

根据式（5-7），计算出广东省物流业、新型城镇化、生态环境的综合发展指数（如表 5-9、图 5-4 所示）。

表 5-9　广东省物流业、新型城镇化、生态环境的综合发展指数

地区	时间	物流业指数	新型城镇化指数	生态环境指数
广东	2009	0.3499	0.3191	0.4096
广东	2010	0.3906	0.3354	0.4522
广东	2011	0.4134	0.3753	0.4796
广东	2012	0.4535	0.4204	0.5145
广东	2013	0.5391	0.4403	0.5131
广东	2014	0.5919	0.4552	0.5253
广东	2015	0.6366	0.4799	0.5956
广东	2016	0.7002	0.5117	0.6549
广东	2017	0.7728	0.5337	0.6104
广东	2018	0.8320	0.5580	0.5531
广东	2019	0.8884	0.6195	0.5750
广东	2020	0.9602	0.6619	0.5847

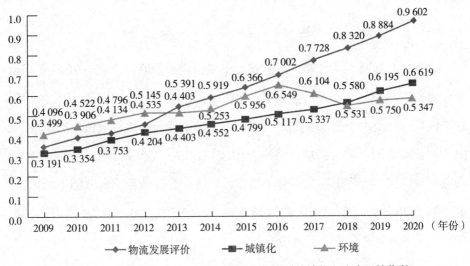

图 5-4 广东省 2009—2020 年物流业、新型城镇化和生态环境指数

（一）广东省物流业指数分析

从表 5-9 和图 5-4 可知，广东省物流业在 2009—2020 年间呈现快速发展的趋势，从评价值来看，2009 年为 0.3499，起点在五省（市）中最高，这是由于广东省作为改革开放最早的省份，其物流基础设施建设起步最早，物流综合运输体系也最早形成和完善，以深圳港为核心的大湾区港口群发展速度快，珠三角区域的经济优势明显，特别是广东省的 GDP 一直排在全国各省（市）首位，形成了产业链、供应链和创新链的整合，大大推动了其物流业的快速发展，快递业方面也培植了一批以顺丰为代表的行业龙头企业，并在"一带一路"战略的推进下，大力发展跨境电商物流体系，2020 年评价值为 0.9602，接近 2009 年的 3 倍。

（二）广东省新型城镇化指数分析

从表 5-9 和图 5-4 可知，广东省新型城镇化评价值在 2009—2020 年间呈现稳定发展的趋势，从评价值来看，2009 年为 0.3191，这说明城镇化的程度起点较高，这是由于广东省也是中国中小乡镇企业的摇篮，城镇化起步最早，由于产业集群的带动，县域经济在全国较早发展，尤其是制造业产业集群的特色明显，这些产业集群大多分布在县域经济中，带动乡镇规模的不断扩大，截止到 2020 年，新型城镇化的评价值为 0.6619，是 2009 年的 2 倍以上，新型城镇化的推进速度平稳，成绩显著。

（三）广东省生态环境指数分析

从表 5-9 和图 5-4 可知，广东省生态环境指数在 2009—2020 年间呈现一定的波动趋势，波动区间在 0.4—0.65 之间，波动的幅度较大。从评价值来看，广东省生态环境指数起点较低，这主要是由于广东省产业集群发展较早，产业集群密集，大型企业和中小企业在全国范围内数量较大，GDP 发展迅速的同时，生态环境的破坏较为严重，尤其一些轻工业企业的发展，对环境污染和生态的影响加剧，在 2016 年生态环境评价值达到 0.6549 后，有迅速下降，这说明在经济快速发展的同时，生态环境保护的推进力度不足，出现了一定程度牺牲环境换取 GDP 增长的情况。

六、海南省三系统综合发展指数分析

根据式（5-7），计算出海南省物流业、新型城镇化、生态环境的综合发展指数（如表 5-10、图 5-5 所示）。

表 5-10　海南省物流业、新型城镇化、生态环境的综合发展指数

地区	时间	物流业指数	新型城镇化指数	生态环境指数
海南	2009	0.0073	0.1605	0.7310
海南	2010	0.0158	0.1958	0.7545
海南	2011	0.0205	0.2347	0.7791
海南	2012	0.0222	0.2143	0.7812
海南	2013	0.0198	0.2240	0.7963
海南	2014	0.0260	0.2447	0.8068
海南	2015	0.0338	0.2495	0.7637
海南	2016	0.0359	0.2515	0.7667
海南	2017	0.0375	0.2754	0.7267
海南	2018	0.0415	0.3192	0.6881
海南	2019	0.0451	0.3453	0.7005
海南	2020	0.0561	0.3812	0.7068

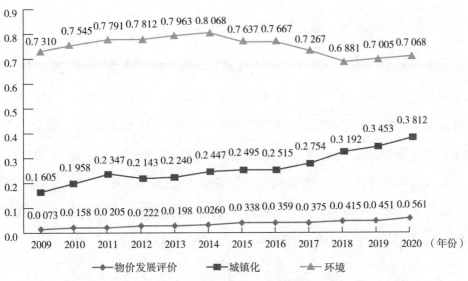

图 5-5　海南省 2009—2020 年物流业、新型城镇化和生态环境指数

（一）海南省物流业指数分析

从表 5-10 和图 5-5 可知，海南省物流业在 2009—2020 年间呈现快速发展的趋势，从评价值来看，2009 年为 0.0073，起点在五省（市）中最低，这

是由于海南省的经济总量在五省（市）中排在最后，由于位置比较特殊的原因，物流基础设施建设起步较晚，物流综合运输体系还未形成，港口群的建设刚刚起步，发展物流业的自然条件比较弱，但是海南省在航空体系建设方面比较成熟，对航空物流体系的支持巨大，发展较快，尤其 2010 年国务院发布《国务院关于推进海南国际旅游岛建设发展的若干意见》，大大推进了海南省旅游产业的发展，从而带动了物流业迅速提升。2018 年，党中央决定支持海南全岛建设自由贸易试验区，支持海南逐步探索和稳定推进中国特色自由贸易港建设，海南省后来居上，获得了国家最大力度的政策红利，大大推动了以自由贸易港建设为核心的物流业迅速发展。2020 年评价值为 0.0561，是 2009 年的 8 倍左右。

（二）海南省新型城镇化指数分析

从表 5-10 和图 5-5 可知，海南省新型城镇化评价值在 2009—2020 年间呈现快速发展的趋势，从评价值来看，2009 年为 0.1605，这说明城镇化的程度在五省（市）中起点较低，主要原因是海南省独特的地理位置，多元化产业发展比较晚，没有形成良好的县域经济，主要的收入来源单一，旅游业是海南省最大的支柱产业。但是海南省新型城镇化的速度较快，依托国际旅游岛和自由贸易港等政策，新型城镇化发展的水平得到有效提升。截止到 2020 年，新型城镇化的评价值为 0.3812，是 2009 年的 3 倍左右，新型城镇化的推进稳步增长。

（三）海南省生态环境指数分析

从表 5-10 和图 5-5 可知，海南省生态环境指数在 2009—2020 年间呈现小幅波动趋势，波动区间在 0.73—0.80 之间。从评价值来看，海南省生态环境指数起点在五省（市）中最高，达到 0.7310，在产业发展的同时，生态环境指数增长较快，尤其是从 2010 年定位国际旅游岛后，在 2014 年生态环境指数达到 0.8068，生态环境优势十分突出，为旅游产业的发展提供了重要的基础。2015 年开始生态环境指数有所回落，主要原因是围绕自由贸易试验区的建设中，各种产业发展迅速，GDP 增长较快，而生态环境已经到达很高水平，增长较小，从而导致生态环境指数有所回落，但是依然保持较高水平，这也从侧面反映出在其他产业迅速发展的过程中，生态环境指数也在增长，即海南省在生态环境建设方面有较强优势，但是这种优势由于一定程度牺牲环境换取 GDP 增长的情况有所减弱。

七、五省（市）子系统发展指数对比分析

从物流业子系统来看（如图 5-6 所示），海上丝绸之路经济带五省（市）物流业发展水平在 2009—2020 年间都得到了很好的发展。总体表现为起点差距较大，发展趋势向好，个别省份优势明显。在 2009 年的时候，物流业发展指数起点最高的是广东省，最低的是海南省。而随着时间的推移，各地区差距愈发明显。其中，广东省、浙江省由于经济发展水平高，公路、铁路等基础设施完善，以及优越的地理位置，又受到互联网购物等机遇的影响较大，物流业发展迅速。福建省物流业的发展略低于前两个省，增长速度也低于前两个省，而海南省，由于其特殊的地理位置和起步较晚等因素，与前面的省（市）差距明显，虽然上升趋势不变，但是上升速度相对缓慢。

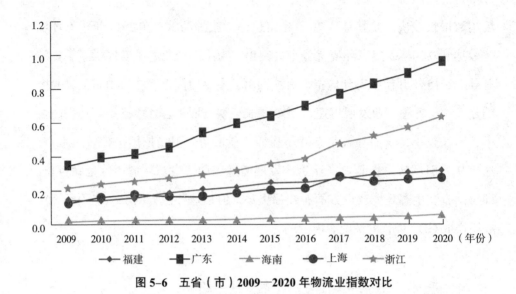

图 5-6 五省（市）2009—2020 年物流业指数对比

　　从新型城镇化子系统来看（如图 5-7 所示），海上丝绸之路经济带五省（市）新型城镇化发展相对迅速，且各地区间差距逐渐缩小。其中，上海市的城镇化发展水平最高，而且起点也最高，因此发展速度较为缓慢，基本已经达到发展极限。广东省、福建省、浙江省起点相当，受益于民营经济发展迅速，产业集群规模巨大，带动起城镇化发展水平迅速提高。广东省甚至超过上海市，在城镇化水平方面处于领先位置，海南省城镇化发展速度较快，尤其是 2016—2020 年这个时间段拉升明显，这个时间段也是海南省定位自由贸易岛的关键时期，但是由于海南省特殊的地理位置和产业发展的特点，与其他四省（市）的差距还是较为明显。此外，新型城镇化发展一直备受重视，国家出台了一系列相关政策进行支持，城市公共服务能力、基础设施建设、城乡居民生活水平等都有了显著提升，城镇化建设取得了巨大成效，随着时间的推移，各省（市）间的差距将慢慢减少。

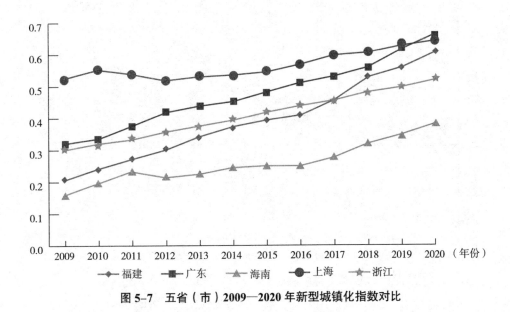

图 5-7　五省（市）2009—2020 年新型城镇化指数对比

从生态环境子系统来看（如图 5-8 所示），海上丝绸之路经济带五省（市）生态环境水平起点高，呈上下波动的趋势。由图 5-8 可知，2009 年海上丝绸之路经济带五省（市）生态环境评价值集中在 0.4—0.7 之间，相较于物流业和新型城镇化的评价值较高，这说明海上丝绸之路经济带各省（市）都具有较好的生态基础，这得益于人们环保意识较强、各地区发展响应国家"绿水青山就是金山银山"的发展理念。从上升趋势来看，各地区都存在一定的波动，福建作为全国首个国家生态文明试验区，其生态环境水平一直处在较高位置，同时海南省在生态环境水平上的优势十分明显，但是在 2016—2020 年这个时间段，有下降的趋势，这说明海南省在处理经济发展和环境保护方面需要达到更高水平的平衡。广东省、浙江省和上海市生态环境水平相对在较低位置，这也在一定程度上说明经济较发达、产业基础较好、城镇化水平较高的地区生态环境水平不一定高于产业基础较弱、城镇化水平较低的地区，在发展经济的同时也要注意生态环境的保护。

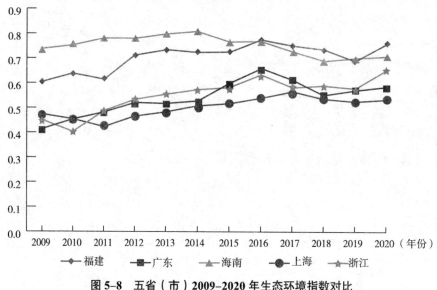

图 5-8　五省（市）2009-2020 年生态环境指数对比

八、五省（市）三系统综合发展指数对比分析

根据式（5-9）测算出三系统共同的综合评价值，得到的结果如图 5-9 所示。

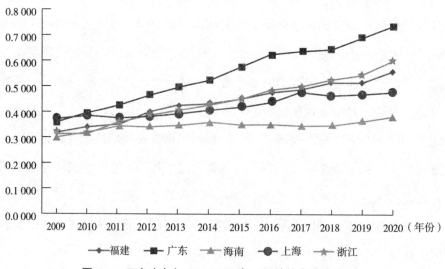

图 5-9　五省（市）2009-2020 年三系统综合评价值对比

从物流业、新型城镇化、生态环境三系统的综合评价值来看（见图 5-9），海上丝绸之路经济带五省（市）三系统的综合发展水平上升趋势平稳，总体向着更好的方向前进。从横向上看，五省（市）间的空间差异逐渐趋于稳定。其中，由于广东省在各子系统中均保持一个较高的发展水平，因而其综合发展水平最高。而海南省虽然生态环境子系统发展较好，但物流业及新型城镇化系统发展相对较差，所以其综合发展水平仍为最低。浙江省、福建省和上海市综合发展水平处于中游，其中浙江省的综合发展水平略高，福建省的综合发展水平表现优异，因为与浙江省相比，福建省的发展起步较晚，但在 2010 年以后迅速追赶形成后发优势。总体来讲，海上丝绸之路经济带除去海南省以外，其他四省（市）综合发展水平都处在第一梯队，而且后续发展的动力强劲。纵向来看，海上丝绸之路经济带五省（市）物流业、新型城镇化、生态环境综合发展整体趋于优化，这得益于国家政策的大力支持、地方政府的重视。总体而言，发展水平最高的是生态环境系统；其次是新型城镇化系统；最后是物流业系统，这充分证明了五省（市）政府在保护生态环境和发展经济两个方面都做了大量的工作，真正践行了绿色发展理念。

九、物流业、新型城镇化、生态环境耦合协调时空演变分析

根据耦合协调度模型式（5-10），得到海上丝绸之路经济带五省（市）耦合协调度测算结果，如表 5-11 所示。整体来看，海上丝绸之路经济带五省（市）三大系统耦合协调度的发展趋势呈正向状态。从时间上看，在 2009 年各地区的协调度介于 0.17—0.46 之间，五省（市）之间的协调水平差异较大，3 个省（市）协调水平都是濒临失调，2 个省（市）是失调；到了 2011 年，各地区协调度上升到了 0.24—0.52 之间，有 1 个省（市）已经达到勉强协调，只有 1 个省（市）失调；而 2014 年随着协调度上升到 0.26—0.61 之间，

处于勉强协调及以上水平的地区增加到了 2 个，只有 1 个省（市）失调；2016 年随着协调度上升到 0.28—0.69 之间，处于勉强协调及以上水平的地区增加到了 4 个，只有 1 个省（市）失调；2018 年协调度上升到 0.30—0.71 之间，处于初级协调及以上水平的地区增加到了 2 个，只有 1 个省（市）轻度失调。2020 年协调度上升到 0.35—0.78 之间，处于初级协调及以上水平的地区增加到了 3 个，只有 1 个省（市）轻度失调，这说明了海上丝绸之路经济带五省（市）物流产业、新型城镇化、生态环境耦合协调持续稳定的优化和提升。这主要是由于，一方面，海上丝绸之路经济带新型城镇化进程加快，在资金和政策等相关支持下，区域加强合作，物流业也得到较大发展；另一方面，绿色可持续发展被政府深度认可，政府对于创新发展模式，尤其是绿色可持续发展，推到生态环境的优化，整体环境水平有很大的提高。具体到每个省（市）来看，广东省的协调度从 2009—2020 年一直保持第一，协调度从 2009 年的 0.46，稳定增长为 2020 年的 0.78，达到中度协调，主要原因是广东省的物流业和新型城镇化的指标较高，生态环境指标也表现较好，广东省的发展值得借鉴。海南省的协调度从 2009—2020 年一直处在五省（市）最后，协调度从 2009 年的 0.17，增长为 2020 年的 0.35，始终没有达到协调，只达到轻度失调，主要原因是海南省的物流业和新型城镇化起步较晚，整体实力较弱，虽然生态环境指标表现最好，但明显协调度低。福建省的协调度从 2009—2020 年排名位次上升 1 位，从之前的第 4 上升到第 3，位次的提升很不容易，协调度从 2009 年的 0.36，稳定增长为 2020 年的 0.61，到初级协调，主要原因是福建省在 2012 年以后随着基础设施建设水平的提高，其物流业和新型城镇化的发展较快，生态环境指标也表现较好，协调度提升明显。上海市的协调度从 2009—2020 年位次有所下落，协调度从 2009 年的 0.41，增长为 2020 年的 0.55，表现为勉强协调，主要原因是上海市物流业指数因为数据选取的问题，表现偏低，生态环境指标表现差强人意，新

型城镇化的起点偏高，增长较少，所以导致协调度偏低。浙江省的协调度从
2009—2020 年一直保持第二，协调度从 2009 年的 0.40，稳定增长为 2020 年
的 0.68，已经接近中度协调，主要原因是浙江省的物流业和新型城镇化的指
标较高，生态环境指标也表现较好，浙江省的发展潜力巨大。

表 5–11　海上丝绸之路经济带五省（市）物流产业、新型城镇化、生态环境耦合协调度及类型

地区	2009 年			2010 年			2011 年		
	协调值	排序	协调水平	协调值	排序	协调水平	协调值	排序	协调水平
福建	0.3634	4	轻度失调	0.3887	4	轻度失调	0.4031	4	濒临失调
广东	0.4624	1	濒临失调	0.4934	1	濒临失调	0.5223	1	勉强协调
海南	0.1711	5	严重失调	0.2198	5	中度失调	0.2474	5	中度失调
上海	0.4144	2	濒临失调	0.4395	2	濒临失调	0.4411	4	濒临失调
浙江	0.4089	3	濒临失调	0.4157	3	濒临失调	0.4501	2	濒临失调

地区	2012 年			2013 年			2014 年		
	协调值	排序	协调水平	协调值	排序	协调水平	协调值	排序	协调水平
福建	0.4394	4	濒临失调	0.4723	3	濒临失调	0.4892	3	濒临失调
广东	0.5596	1	勉强协调	0.5908	1	勉强协调	0.6134	1	初级协调
海南	0.2469	5	中度失调	0.2438	5	中度失调	0.2677	5	中度失调
上海	0.4432	3	濒临失调	0.4476	4	濒临失调	0.4692	4	濒临失调
浙江	0.4742	2	濒临失调	0.4954	2	濒临失调	0.5151	2	勉强协调

地区	2015 年			2016 年			2017 年		
	协调值	排序	协调水平	协调值	排序	协调水平	协调值	排序	协调水平
福建	0.5100	3	勉强协调	0.5305	3	勉强协调	0.5516	3	勉强协调
广东	0.6531	1	初级协调	0.696	1	初级协调	0.7083	1	中级协调
海南	0.2833	5	中度失调	0.2884	5	中度失调	0.2943	5	中度失调
上海	0.4884	4	濒临失调	0.5043	4	勉强协调	0.5513	4	勉强协调
浙江	0.5408	2	勉强协调	0.5713	2	勉强协调	0.5942	2	勉强协调

地区	2018 年			2019 年			2020 年		
	协调值	排序	协调水平	协调值	排序	协调水平	协调值	排序	协调水平
福建	0.5793	3	勉强协调	0.5812	3	勉强协调	0.6174	3	初级协调
广东	0.7119	1	中级协调	0.7500	1	中级协调	0.7808	1	中级协调
海南	0.3090	5	轻度失调	0.3232	5	轻度失调	0.3506	5	轻度失调
上海	0.5343	4	勉强协调	0.5415	4	勉强协调	0.5518	4	勉强协调
浙江	0.6166	2	初级协调	0.6348	2	初级协调	0.6801	2	初级协调

　　整体来看，海上丝绸之路经济带五省（市）物流业、新型城镇化、生态环境的耦合协调水平正在逐步提高，广东省和浙江省的协调度较高，发展较好，上海市和福建省的协调度居中，福建省协调度发展的潜力巨大，未来可期。海南省协调度与其他四省差距明显，需要加快物流业和新型城镇化的发展速度，进一步缩小差距。协调度的稳步提升，离不开国家战略发展定位，在生态文明建设的大背景下，在绿色可持续发展的创新体制下，海上丝绸之路经济带五省（市）在大力发展物流业的同时，也十分重视生态环境保护，加强了物流业与生态环境的良性互动。同时，各地积极响应新型城镇化的要求，以物流业带动城镇化发展，加强物流业与新型城镇化、生态环境的融合，提高耦合协调性。

第六章　海上丝绸之路经济带绿色物流效率测度及评价

在第五章得出海上丝绸之路经济带五省（市）物流业、新型城镇化、生态环境的耦合协调水平正在逐步提高，从一个角度了解到物流业和生态环境之间的协调水平不断提升，这对绿色物流的发展具有正向作用。本章构建海上丝绸之路经济带绿色物流效率指标体系，运用非径向的松弛度测算模型（SBM）和全要素生产率指数指数法（Global Malmquist-Luenberger，GML）指数法，基于海上丝绸之路五省（市）的物流业数据，对其绿色物流效率值进行测算，并对测算结果进行详细分析，在采用超效率模型（Super-SBM）模型测算海上丝绸之路五省（市）的绿色物流效率的基础上，对海上丝绸之路经济带五省（市）的绿色物流效率进行评价。

第一节　测度方法

一、考虑非期望产出的超效率 SBM 模型

数据包络分析（DEA）是效率分析中应用最为广泛的方法之一。与其他评价效率的方法相比，数据包络法在减少误差、简化算法等方面也有着不可

低估的优越性。然而，径向 DEA 模型对无效率的测量仅考虑了投入产出等比例变化的情况，对于无效的决策单元来说，其当前状态与投影值之间的差距，除了等比例改进的部分之外，还包括松弛改进的部分。而松弛改进的部分在效率值的测量中并未得到体现，考虑到这个问题，Tone 提出了一个基于松弛变量的 SBM 模型。包含独立决策单元的 SBM 模型表达式如式（6-1）所示：

$$\min \rho = \frac{1 - \frac{1}{m}\sum_{i=1}^{m}\frac{s_i^-}{x_{ik}}}{1 + \frac{1}{q}\sum_{r=1}^{q}\frac{s_r^+}{y_{rk}}}$$

式（6-1）

$$S.t.\ X\lambda + s^- = x_k$$
$$Y\lambda - s^+ = y_k$$
$$\lambda, s^-, s^+ \geq 0$$

二、全球全要素生产率指数模型（Global Malmquist–Luenberger）

Chung 等将包含非期望产出的方向距离函数应用于生产率模型（Malmquist），并定义为全要素生产率指数（Malmquist–Luenberger，ML）。但传统 ML 指数仅能反映相邻生产率的短期变化，无法有效体现其长期变动趋势。全球全要素生产率指数（Global Malmquist–Luenberger，GML），公式如下：

$$ML(t-1,t) = \frac{E_g(x_t, y_t)}{E_g(x_{t-1}, y_{t-1})}$$

$$EC(t-1,t) = \frac{E_t(x_t, y_t)}{E_{t-1}(x_{t-1}, y_{t-1})}$$

式（6-2）

$$TC(t-1,t) = \frac{ML(t-1,t)}{EC(t-1,t)} = \frac{\dfrac{E_g(x_t, y_t)}{E_t(x_t, y_t)}}{\dfrac{E_g(x_{t-1}, y_{t-1})}{E_t(x_{t-1}, y_{t-1})}}$$

第二节　效率评价体系的构建

一、投入指标

本节从劳动力、资本、设施以及能源四个角度来构建投入指标。

1. 资本投入

当前大多数研究为了消除价格因素的干扰，采用戈登史密斯（Goldsmith）的永续盘存法计算资本存量并将其作为资本投入。

2. 劳动力投入

以交通运输、仓储和邮政业从业人数来表示。

3. 基础设施投入

鉴于数据的可获取性，通过公路里程、铁路营业里程、邮政网点数、营运载货汽车数来加以反映。

4. 能源投入

参照《中国能源统计年鉴》中的能源参考热值和折标准煤系数的标准，将物流业发展过程中消耗的主要燃料折算为标准煤衡量物流业的能源投入。

二、产出指标

产出指标主要包括期望产出和非期望产出两个部分：

1. 期望产出

以交通运输、仓储和邮政业产值来表示物流业发展过程中经济方面的产出，并使用 GDP（国内生产总值）平减指数对其进行价格平减，消除价格变动产生的影响。同时，采用社会货物周转量来衡量物流业发展过程中社会服务方面的产出。

2. 非期望产出

通过物流业发展过程中所产生的二氧化碳排放量来表示。

综上所述，本节构建的绿色物流效率投入产出指标体系如表 6-1 所示。

表 6-1　绿色物流效率投入产出指标

	一级指标	二级指标
投入	资本投入	物流业固定投资资产资本存量（亿元）
	劳动力投入	物流业从业人数（万人）
	基础设施投入	运输线路里程（万公里）
		营运载货汽车数（万辆）
		邮政网点数（处）
	能源投入	物流业能源消耗量（万吨标准煤）
产出	期望产出	物流业增加值（亿元）
		社会货物周转量（亿吨公里）
	非期望产出	物流业碳排放量（万吨）

第三节　海上丝绸之路经济带五省（市）绿色物流效率评价分析

本部分采用超效率模型（Super-SBM）并运用 MAXDEA 软件测算出海上丝绸之路经济带五省（市）2009—2020 年的绿色物流效率值，并对测度结果进行分析。本节将从区域和省域两个视角来分析海上丝绸之路经济带绿色物流效率的时间演化结果。

一、海上丝绸之路经济带视角下的绿色物流效率演化时间演化分析

图 6-1 显示，海上丝绸之路经济带在 2009—2020 年的时间跨度中的绿色物流效率所呈现出来的走势和变化情况。由图可知，海上丝绸之路经济带的绿色物流效率的变化趋势较为明显，主要是在时间序列下有一定波动上升的趋势，整体的物流效率水平相对较高，超过经过测算的全国平均水平。从时间上看，海上丝绸之路经济带的绿色物流效率在 2009 年为 0.553，之后呈现波动上升的趋势，在 2020 年，海上丝绸之路经济带的绿色物流效率为 0.792，增长率为 43.2%，提升还是较为明显，从数据体系可以清楚地看出，海上丝绸之路经济带的整体绿色物流效率提升较快，绿色发展的理念和措施在物流业中体现明显，能够成为连接 21 世纪海上丝绸之路沿线国家的绿色通道，共同打造海上绿色丝绸之路，加快与沿线国家绿色物流的合作发展的步伐和动力。

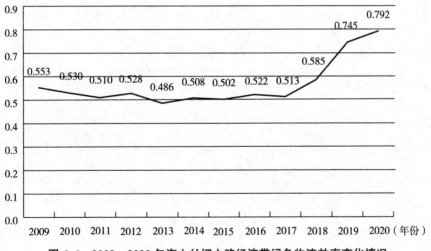

图 6-1　2009—2020 年海上丝绸之路经济带绿色物流效率变化情况

二、省域视角下的绿色物流效率演化时间演化分析

表 6-2 具体报告了 2009—2020 年海上丝绸之路经济带五省（市）的绿色物流效率值，下文从全时期和时点变动两个方面来进行评价。

（一）上海市绿色物流效率演化分析

如图 6-2 所示，从 2009—2020 年的时间跨度趋势来看，上海绿色物流效率的变化主要呈现为波动上升的趋势。在 2009—2017 年间的波动比较明显，增长的幅度较小，2018—2020 年有较大的拉升，绿色物流效率在 2020 年达到最高值 1.363，充分体现了上海市在绿色物流效率方面的优势，从最高值和均值两方面去对比，上海市的绿色物流效率都排在五省（市）之首。

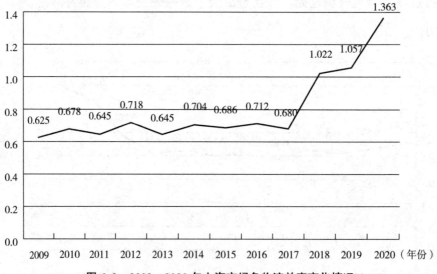

图 6-2 2009—2020 年上海市绿色物流效率变化情况

（二）福建省绿色物流效率演化分析

如图 6-3 所示，从 2009—2020 年的时间跨度趋势来看，福建省绿色物流效率的变化比较特殊，福建省的绿色效率在 2009 年达到最大值 0.802，这也是福建省成为首个生态文明示范区的效应，后面 3 年有小幅下降，在 2013—2018 年主要呈现波动下降的趋势，这主要是因为福建省物流业快速增长的同时缺乏在技术和政策等方面的支持。2019 年和 2020 年又呈现波动上升，整体均值排在第二的位置，后续绿色物流效率有较大提升空间。

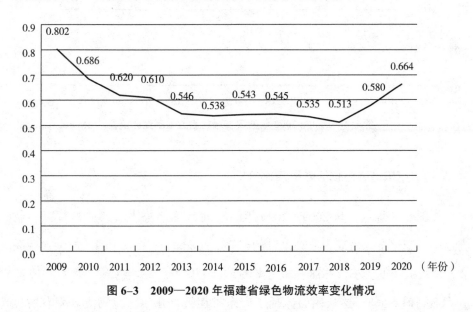

图 6-3　2009—2020 年福建省绿色物流效率变化情况

（三）浙江省绿色物流效率演化分析

如图 6-4 所示，从 2009—2020 年的时间跨度趋势来看，浙江省绿色物流效率的变化主要呈现为波动上升的趋势。在 2009—2018 年间的波动比较明显，增长的幅度较小，2018—2020 年有较大的拉升，绿色物流效率在 2019 年达到最高值 1.074，这充分体现了浙江省在最近几年绿色物流效率大幅度提升，政策和技术方面对绿色物流的加持明显，但均值方面略低于福建省，排在第 3 位。

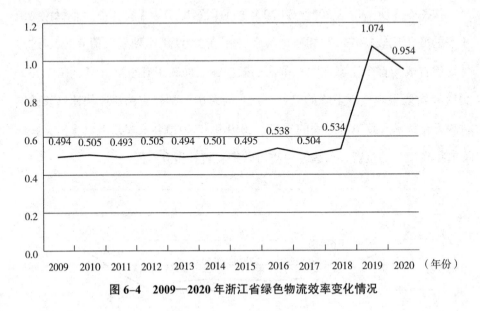

图 6-4　2009—2020 年浙江省绿色物流效率变化情况

（四）广东省绿色物流效率演化分析

如图 6-5 所示，从 2009—2020 年的时间跨度趋势来看，广东省绿色物流效率的变化主要呈现为波动上升的趋势。在 2009—2018 年间的波动比较明显，增长的幅度较小，2018—2020 年有较大的拉升，绿色物流效率在 2019 年达到最高值 0.568，这从侧面体现了广东省在最近几年绿色物流效率有所提升，但是还需继续努力，均值方面略低于浙江省，排在第 4 位。

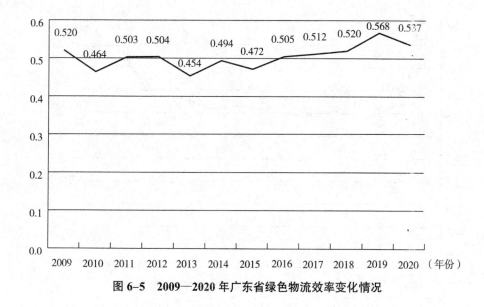

图 6-5　2009—2020 年广东省绿色物流效率变化情况

（五）海南省绿色物流效率演化分析

如图 6-6 所示，从 2009—2020 年的时间跨度趋势来看，海南省绿色物流效率的变化主要呈现为波动上升的趋势。在 2009—2018 年间的波动比较明显，增长的幅度较小，2018—2020 年有较大的拉升，绿色物流效率在 2019 年达到最高值 0.446，表现为近几年的快速增长。但从数值上讲，海南省绿色物流效率的最大值与其他省份的最大值差距加大，从而显示海南省在提升绿色物流业方面还有很长的路要走，从最大值和均值方面均排在最后（如表 6-2 所示）。

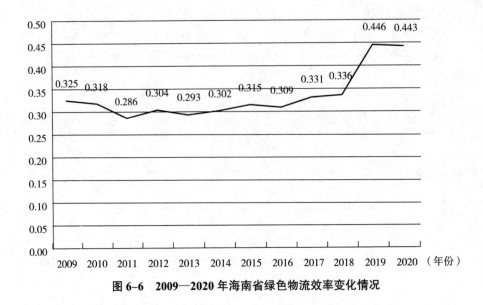

图6-6 2009—2020年海南省绿色物流效率变化情况

表6-2 海上丝绸之路经济带五省（市）绿色物流效率测算结果

地区	2009	2010	2011	2012	2013	2014	2015	2016	2017	2018	2019	2020	均值	排名
上海	0.625	0.678	0.645	0.718	0.645	0.704	0.686	0.712	0.680	1.022	1.057	1.363	0.795	1
福建	0.802	0.686	0.620	0.610	0.546	0.538	0.543	0.545	0.535	0.513	0.580	0.664	0.598	2
浙江	0.494	0.505	0.493	0.505	0.494	0.501	0.495	0.538	0.504	0.534	1.074	0.954	0.591	3
广东	0.520	0.464	0.503	0.504	0.454	0.494	0.472	0.505	0.512	0.520	0.568	0.537	0.504	4
海南	0.325	0.318	0.286	0.304	0.293	0.302	0.315	0.309	0.331	0.336	0.446	0.443	0.334	5

三、海上丝绸之路经济带绿色物流效率空间分布及变化特征分析

为了更好地对海上丝绸之路经济带省域绿色物流效率的空间分布特征进行分析，本文利用ArcGIS软件绘制海上丝绸之路经济带绿色物流效率空间分布图，如图6-7所示。

从空间分布可以更加直观地看出，海上丝绸之路经济带绿色物流效率在全国区域范围内呈现较大的优势，除去海南省以外，其他省份在绿色物流效率方面的表现良好。究其原因，海上丝绸之路经济带地理位置优越，都处于沿海，经济相对较为发达，物流基础设施和创新技术手段更加健全，港口物流体系有利于与海上丝绸之路沿岸国家的贸易往来和货物中转，处在国家战略发展的优先位置。

从演变特征来看，2009—2020年海上丝绸之路经济带绿色物流效率水平总体上得到了一定的改善，尤其是上海市和浙江省的绿色物流效率发生了较为明显的变化。2009年绿色物流效率达到高水平的省份是福建，从分布图可以看出这一年的整体效率水平也较高，这是由于该时期海上丝绸之路经济带物流业处于启动期，物流业增加值及货物周转量等期望产出不高，但非期望产出如二氧化碳排放量等同样不多。2013年，广东省和福建省的绿色物流效率明显下降，这一年整体的效率水平也较低。2017年，海上丝绸之路经济带绿色物流效率表现得较为平稳，绿色物流效率基本都在中等水平的区间内。进入2020年以后，海上丝绸之路经济带绿色物流效率普遍提升，且从分布图的对比中可以明显看出上升幅度较大。上海市、浙江省和福建省的绿色效率水平提升明显，进入到高效率水平区间。这与海上丝绸之路经济带这几年来大力支持绿色物流发展，出台了一系列相关政策有很大关联，为绿色物流的发展指明了方向，提供了动力。

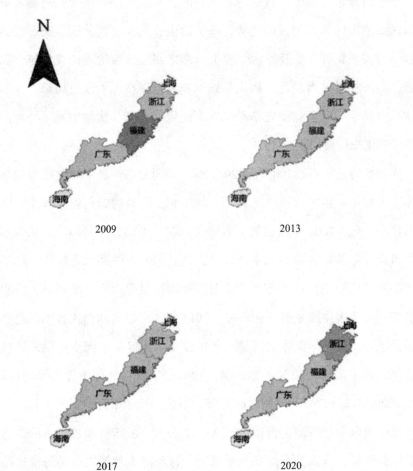

图 6-7　海上丝绸之路经济带五省（市）绿色物流效率的空间演化分布

第四节　海上丝绸之路经济带绿色物流效率地理标记语言（GML）指数及其分解

一、区域视角下的 GML 指数及其分解

如表 6-3 所示，海上丝绸之路经济带的绿色物流效率地理标记语言（GML）指数、技术进步指数（TC）和技术效率变化指数（EC）均值均大于 1，这说明海上丝绸之路经济带的绿色物流效率是在绿色技术进步和技术效率共同促进的作用下实现增长的。海上丝绸之路经济带的地理标记语言（GML）指数均值都在 1.049，这说明该区域的绿色物流效率年均增长速度在 4.9% 左右。

从地理标记语言（GML）指数的分解来看，海上丝绸之路经济带的绿色技术效率不断逼近生产前沿面，年均技术效率变化指数（EC）均超过了技术进步指数（TC）。从技术效率变化指数（EC）均值达到 1.067 来看，这是由于海上丝绸之路经济带的地理位置优越，拥有较为雄厚的产业基础，集中了许多高校和研究所，吸引了较多人才，这在某种程度上推动了该地区物流管理水平、资源配置效率等物流技术效率的快速提高。从技术进步指数（TC）均值为 1.004 来看，海上丝绸之路经济带的物流技术水平总体提升速度较慢，这可能是因为海上丝绸之路经济带现有的物流技术已经处于较高水平，目前处于较难的技术突破期，政府应继续引进更多相关人才，以突破技术提升的瓶颈期。

表 6-3　2009—2020 年海上丝绸之路经济带绿色效率地理标记语言（GML）指数及其分解

区域		09-10	10-11	11-12	12-13	13-14	14-15	15-16	16-17	17-18	18-19	19-20	均值
海上丝绸之路经济带	GML	0.974	0.939	1.159	0.826	1.023	0.966	1.019	0.987	1.122	1.373	1.155	1.049
	EC	0.950	0.993	1.156	1.175	1.051	1.166	1.018	1.042	1.052	1.055	1.082	1.067
	TC	1.040	0.952	1.013	0.740	0.979	0.908	1.009	0.960	1.066	1.315	1.064	1.004

二、省域视角下的地理标记语言（GML）指数及其分解

从省域视角来看，仅福建省的地理标记语言（GML）指数均值小于 1，其余 4 个省（市）均大于 1，这表明除福建省以外，其他四省（市）的绿色物流效率都在不同程度上有所提高。福建省的绿色物流效率的提升则是受到了绿色物流技术进步的约束，政府应引进先进的绿色物流技术，不断实现物流的智能化、高效化。上海和海南绿色物流效率的增长主要得益于绿色物流技术效率水平的增幅大于绿色物流技术进步的降幅，这表明这些省（市）在物流资源配置以及管理水平上具有一定的优势，但绿色物流技术水平需要通过引进先进技术来进一步加强。天津地区虽然在绿色物流技术效率上有所下降，但依靠绿色物流技术的进步其绿色物流效率总体是增长的。广东省绿色物流效率的增长都是由于绿色物流技术效率和绿色物流技术共同的促进作用。浙江省的绿色技术效率不断逼近生产前沿面，年均技术效率变化指数（EC）均超过了技术进步指数（TC），存在追赶效应（如表 6-4 所示）。

表 6-4　2009—2020 年海上丝绸之路经济带五省（市）绿色效率及其分解

地区	GML	EC	TC	排名
浙江	1.090	1.075	1.029	1
上海	1.085	1.243	0.904	2
海南	1.033	1.052	0.992	3
广东	1.006	1.003	1.025	4
福建	0.986	1.016	0.995	5

第五节　建议

　　绿色物流效率水平较低的省份应根据国家政策的指导，积极响应绿色低碳的发展理念，在发展经济的同时，实行绿色技术创新以及产业结构升级，早日提升绿色物流效率水平。海上丝绸之路经济带政府在制定相关政策以更好地推动绿色物流发展的时候要有所侧重，如受到绿色物流技术进步的约束，政府应引进先进的绿色物流技术，不断实现物流的智能化、高效化。

第七章 海上丝绸之路经济带绿色
物流效率影响因素研究

本章内容是以绿色物流效率值为基础，并构建空间计量模型来研究海上丝绸之路经济带绿色物流效率的影响因素。

第一节 全局空间相关性检验

本节基于空间距离矩阵，运用全局莫兰（Moran's I）指数来检验海上丝绸之路经济带绿色物流效率的全局空间自相关，其计算公式如下：

$$I = \frac{n\sum_{i=1}^{n}\sum_{j=1}^{n}w_{ij}(x_i-\overline{x})(x_j-\overline{x})}{\sum_{i=1}^{n}\sum_{j=1}^{n}w_{ij}\sum_{i=1}^{n}(x_i-\overline{x})^2} \qquad 式（7-1）$$

由表 7-1 可知，所有年份全局莫兰指数的 P 值均小于 0.05，通过了 95% 水平下的置信度检验，并且各年份的全局莫兰指数均为正值，这表明海上丝绸之路经济带物流业效率存在显著的正相关关系，即物流业效率高的地区与高的地区集聚在一起，效率低的地区与低的地区集聚在一起。所以，我们应当建立相应的空间计量模型进行分析。但从莫兰指数的数值情况来看，其取值范围介于 0.03—0.09 之间，数值相对较小，这说明海上丝绸之路经济带物流业效率的空间集聚程度较低。

表 7-1　2009—2020 年海上丝绸之路经济带物流业效率的全局莫兰指数

年份	I	E（I）	Sd（I）	Z	P-value	年份	I	E（I）	Sd（I）	Z	P-value
2009	0.047	−0.034	0.034	2.358	0.018	2015	0.070	−0.034	0.034	3.049	0.002
2010	0.069	−0.034	0.034	3.019	0.003	2016	0.077	−0.034	0.035	3.190	0.001
2011	0.088	−0.034	0.035	3.519	0.000	2017	0.069	−0.034	0.035	2.947	0.003
2012	0.070	−0.034	0.034	3.047	0.002	2018	0.071	−0.034	0.035	3.051	0.002
2013	0.071	−0.034	0.034	3.091	0.002	2019	0.037	−0.034	0.034	2.068	0.039
2014	0.073	−0.034	0.034	3.130	0.002	2020	0.047	−0.034	0.035	2.341	0.019

第二节　变量说明与描述统计

一、经济环境

物流业效率与其所处的经济环境存在一定的关系，经济环境较好的东部地区物流业效率要显著高于其他区域。综上所述，笔者从经济发展水平和对开放程度两个方面描述物流业的经济环境。首先，笔者使用经过价格指数平减处理后的地区 GDP 来衡量地区的经济发展水平，同时为了避免数据的异常波动，对其进行取对数处理。其次，通过进出口总额占地区 GDP 的比重来反映地区的对外开放程度。

二、产业环境

物流业效率不仅与经济环境有关，还有产业结构、信息化水平等产业环境有关。因此，产业环境分三个角度进行展开，包括物流产业结构、物流能源强度和信息化水平。首先，以物流业产值占地区 GDP 的比重来描述物流产业结构。其次，通过物流能源消耗占物流业产值的比重来表示物流能源强度。最后，采用人均拥有移动电话数来衡量信息化水平。

三、政策环境

政府物流调控力度在物流业发展中发挥了至关重要的作用。笔者以财政支出中交通运输支出所占的比重加以反映。

四、环境规制

物流业效率也容易受到环境规制的影响，主要体现在环境污染治理强度上。因此，笔者使用环境污染治理投资额占 GDP 的比重进行衡量，部分地区的缺失数值采用插值法进行补充。

最终构建的指标体系如表 7-2 所示。

表 7-2　物流业效率影响因素指标体系内容

变量类型	变量名称	变量符号	运算方式
因变量	物流业效率	*Eff*	第四章求解结果
自变量	经济发展水平	*GDP*	地区 GDP
	对外开放程度	*open*	进出口总额 / 地区 GDP
	物流产业结构	*Struct*	物流业产值 / 地区 GDP
	物流能源强度	*Energy*	物流能源消耗 / 物流业产值
	信息化水平	*Mobile*	移动电话总量 / 人数
	政府物流调控	*Trans*	交通运输支出总额 / 财政支出总额
	环境污染治理强度	*Poll*	环境污染治理投资额 / 地区 GDP

第三节　结果分析

一、检验结果分析

在进行回归分析前，需要了解变量数据是否平稳，非平稳数据容易造成伪回归现象。因此，笔者使用 Matlab 软件对面板数据进行了平稳性检验，平稳性检验结果如表 7-3 所示。

表 7-3　平稳性检验结果

变量类型	变量名称	变量符号	单位根统计量	P-value	结论
因变量	物流业效率	*Eff*	−10.4860	0.0000	平稳
自变量	经济发展水平	*In GDP*	−2.2922	0.0109	平稳
	对外开放程度	*Open*	−7.7137	0.0000	平稳
	物流产业结构	Struct	−13.7338	0.0000	平稳
	物流能源强度	*Energy*	−3.8721	0.0001	平稳
	信息化水平	*Mobile*	−7.2812	0.0000	平稳
	政府物流调控	*Trans*	−8.3455	0.0000	平稳
	环境污染治理强度	*Poll*	−4.8515	0.0000	平稳

由表 7-3 可以看出，所有变量均在 5% 的水平下通过了平稳性检验，这说明其数据为平稳数据。接着，结构方程模型（SEM）和合成孔径雷达（SAR）的 LM 和 Robust LM 检验结果显示，二者均在 5% 的水平下拒绝了原假设，这说明模型存在空间误差和空间滞后效应，可以建立相应的空间计量

模型。最后，在结构方程模型（SEM）、合成孔径雷达（SAR）和空间杜宾模型（SDM）固定效应和随机效应的选择上，豪斯曼（Hausman）检验结果显示，在 5% 的水平下，三者都拒绝了采用随机效应的原假设，因此本章建立的空间计量模型均为固定效应模型。

二、回归结果分析

笔者使用 Matlab 软件对四种空间计量模型进行了回归，得到的结果如表 7-4 所示。根据回归结果可以看出，四种模型的空间项系数 δ false 或 λ false 都通过了 10% 水平的显著性检验，这表示海上丝绸之路经济带物流业效率之间存在显著的空间正相关关系。根据模型的回归效果来看，四种模型中空间杜宾模型（SDM）的 *R-sp* 和 *Log-likelihood* 值均大于其他几种模型，这表示 SDM 模型的拟合效果最优。接着，在对空间杜宾模型（SDM）进行 *Wald* 和 *LR* 检验后发现，*Wald* 空间滞后、*LR* 空间滞后、*Wald* 空间误差、*LR* 空间误差都在 5% 的水平下拒绝了 $\theta = 0$ 和 $\theta = -\delta\beta$ 的原假设，这说明空间杜宾模型（SDM）无法简化为合成孔径雷达（SAR）和结构方程模型（SEM）。因此，笔者最终选取空间杜宾模型（SDM）的回归结果进行分析。

表 7-4　空间计量模型回归结果

变量	SLM 模型	SEM 模型	SDM 模型
δ 或 λ	0.3567*** （0.004）	0.6329*** （0.000）	0.2201* （0.091）
ln GDP	0.0989*** （0.000）	0.1144*** （0.000）	0.1234*** （0.000）
Open	0.0387 （0.116）	0.0388* （0.096）	–0.0218 （0.347）
Struct	0.0104* （0.051）	0.0025 （0.643）	0.0018 （0.725）

（续表）

变量	SLM 模型	SEM 模型	SDM 模型
Energy	−0.0322*** （0.007）	−0.0527*** （0.000）	−0.0518*** （0.000）
Mobile	−0.0014*** （0.000）	−0.0009*** （0.010）	0.0009** （0.020）
Trans	0.0064*** （0.001）	0.0039* （0.089）	0.0031* （0.100）
Poll	0.0009 （0.401）	0.0007 （0.556）	0.0024** （0.032）
W*lnGDP			−0.0996*** （0.000）
W*Open			−0.0084 （0.461）
W*Struct			0.0006 （0.798）
W*Energy			−0.0173 （0.002）
W*Mobile			0.0003 （0.308）
W*Trans			0.0011 （0.304）
W*Poll			0.0007 （0.312）
R−sq	0.2445	0.2667	0.3944
Log−likelihood	493.0467	505.1660	518.5558

注：***、**、* 分别表示在 1%、5% 和 10% 水平下显著。

表 7-4 虽然可以看出海上丝绸之路经济带物流业效率存在空间正相关关系，且地区的经济水平、物流能源强度、信息化水平等因素对物流业效率产生显著影响，但却无法具体展示各要素的效应分解情况。因此，笔者继续使用 Matlab 软件将各要素的效应分解为直接效应、间接效应和总效应三个部分，分解结果如表 7-5 所示。

表 7-5　SDM 模型效应分解结果

变量	直接效应		间接效应		总效应	
	系数	T 值	系数	T 值	系数	T 值
GDP	0.1216***	11.8708	−0.1009***	−6.0114	0.0207**	2.2687
Open	−0.0225	−1.0049	−0.0080	−0.7047	−0.0305	−0.9708
Struct	0.0023	0.4638	0.0006	0.2633	0.0029	0.4203
Energy	−0.0517***	−4.4825	−0.0173	−1.2413	−0.0690***	−3.2145
Mobile	0.0009**	2.4095	0.0003	1.1984	0.0012**	2.4056
Trans	0.0032*	1.7080	0.0010	1.0780	0.0042*	1.6907
Poll	0.0023**	2.1446	0.0007	0.9721	0.0030**	2.0518

注：***、**、*分别表示在 1%、5% 和 10% 水平下显著。

　　由表 7-5 可知，经济发展水平对海上丝绸之路经济带物流业效率的直接效应、间接效应与总效应都较为显著。其中，经济发展水平的直接效应和间接效应通过了 1% 水平的显著性检验，总效应通过了 5% 水平下的显著性检验。可以看出，直接效应的回归系数显著为正，而间接效应的回归系数却为负值，这说明经济发展水平能够显著促进海上丝绸之路经济带物流业效率的提升，但地区的经济发展水平同时也会对其他地区产生显著的"虹吸效应"，吸引其他地区的物流业人才、资源要素向经济发达地区聚集，从而抑制了其他地区物流业的发展。整体上看，经济发展水平对物流业效率总效应的回归系数仍然显著为正，即经济发展水平在考虑了空间交互关系后仍能有效提升地区的物流业效率。因此，各地区要努力提升经济发展水平，充分发挥经济对物流业的推动作用，实现二者的协同发展。

　　对外开放程度的直接效应、间接效应和总体效应均未通过显著性检验，这说明对外开放对物流业效率的影响并不明显，这是因为与国外相比，我国物流业发展水平仍然较为落后，难以在对外开放中实现供应链资源、信息服务等要素的有效整合。从其产生的影响上看，三种效应均为负向影响，这可能是因为对外开放程度高的地区也会产生大量的能源消耗，产生大量的碳排放量，并且地区的开放程度也会在一定程度上对其他地区的物流资源要素产生虹吸效应，从而降低了这些地区的物流效率。这种现象的出现也提醒着各级地区要合理控制对外开放的程度，盲目推进也可能会对物流业发展产生不利影响。

物流产业结构对物流业效率的直接效应、间接效应和总体效应均为正值，但都不显著。这可能是因为海上丝绸之路经济带物流业处于分散发展阶段，产业规模较小，难以对物流业效率产生显著影响。此外，在一定程度上看，产业结构的合理布局能够发挥物流业的规模效应，减少运输距离，降低物流成本，促进物流业效率的提升，同时也能对其他地区产生"溢出效应"，带动周围地区物流业的发展。

物流能源强度的直接效应和总效应都在5%水平下显著，且回归系数都为负值，这说明能源强度对物流业效率的抑制作用较为明显。物流能源强度较高的地区其物流活动将消耗更多的能源，由此将产生大量的碳排放量，从而降低了该地区的物流业效率。从空间效应来看，其他地区的能源强度也会对该地区的物流业效率产生负向影响，但不显著。产生这种现象的原因可能是其他地区能源消耗产生的碳排放量对该地区的环境造成了危害，从而不利于该地区物流业的低碳发展。因此，各地区应秉持绿色发展理念，加强低碳节能技术创新，推动高能耗、低附加值产业转型升级，发挥节能增效对物流业发展的关键作用。

信息化水平的直接效应和总效应都显著为正，证实了信息水平的提高能有效推动物流业的发展。在信息技术的驱动下，互联互通的物流时代已经到来，物流的运输、仓储等环节的作业效率得到有效提升，推动了物流业的快速发展。同时，地区的信息化水平所产生的"溢出效应"也将让其他地区的物流业得以受益，但由于我国物流信息化还存在许多短板，如公共物流信息平台建设滞后、信息技术应用和物流设备落后等，信息平台的"溢出效应"难以显现。由此，各级政府可通过加大信息基础设施投入，支持物流技术的创新与推广，引导企业利用先进信息技术和物流技术等措施有效提升物流效能。

政府物流调控的直接效应和总效应结果显示，政府物流调控力度对物流业效率产生显著的正向影响，但由于调控力度一般都是依据地区的发展情况进行制定，仅局限于某个具体区域，其对其他地区的"溢出效应"并不显著。据此，发挥政府调控作用，营造良好物流环境也是提升地区物流业效率的有效途径。

环境污染治理强度的直接效应和总效应都通过了 5% 水平的显著性检验，且均为正向影响。但由于现有的环境规制较为僵硬，忽视了地区的差异化现象，使其难以发挥对其他地区绿色物流的推动作用。由此说明，环境污染治理强度对物流业效率的提升主要体现在海上丝绸之路经济带上。从长远发展来看，政府应推动环境规制形成专门法案，在提升地区物流发展水平的同时，也让"溢出效应"充分凸显。

第八章　海上丝绸之路经济带绿色物流效率
提升典型案例

绿色物流效率的提升，必须体现在具体的物流行业技术方面的进步和物流运营过程中的优化。在物流业发展的过程中，冷链物流行业在绿色物流效率提升方面尤其重要，特别是冷链物流行业的碳排放量较高，在冷链物流行业配送中心选址问题和路径优化问题上，要考虑碳排放成本，从而提升冷链物流行业的绿色物流效率能力，本章选取海上丝绸之路经济带浙江省北部地区，聚焦其冷链物流配送中心选址问题和路径优化问题，在考虑碳排放成本因素的前提下，推动冷链物流行业绿色物流效率的提升和可持续高质量发展。

第一节　问题描述

本章以浙江省北部地区为研究区域，利用两阶段法研究某冷链物流的配送中心选址和路径优化问题。其中配送中心选址问题可描述为：在研究区域内，某冷链物流企业需要在 45 个需求点中选择 5 个点建立配送中心，其中各个需求点的位置和需求量均已知，要求建立的配送中心能够服务所有需求点，在考虑配送范围的前提下，以运输总成本和碳排放成本之和最小为目标，确定配送中心的最佳选址并完成需求点的分配任务。路径优化问题可描述为：选定 2 个配送中心，在已知需求点信息和配送中心位置信息的情况下，通过设计适当的配送路径，使得客户需求能够得到满足，且能够在满足一定的约束条件下，达到配送总成本和碳排放成本的最小化。

第二节 模型假设

一、选址问题假设

1.需求点的位置坐标已知；2.各需求点的需求量均已知，每个需求点必须且只能被一个配送中心服务；3.配送中心的规模容量可以满足需求点需求；4.配送中心有一定的配送辐射范围；5.正向的一对多配送服务，无回收操作；6.配送车辆类型一致；7.只考虑运输过程中产生的碳排放；8.不考虑道路拥堵以及顾客需求变化等情况。

二、路径优化问题假设

1.配送中心和需求点的位置坐标已知；2.车辆从配送中心出发且必须返回配送中心；3.需求点的需求量已知，每个需求点必须且只能被一辆车服务；4.需求点可接受的配送服务时间已知；5.每辆配送车辆的负载能力已知且相同；6.配送中心的规模容量可以满足所有需求点需求，且拥有多辆车但车辆有限；7.只考虑配送过程中产生的碳排放；8.不考虑配送道路中车辆流量及路况的限制。

第三节　符号说明

一、选址问题符号说明

表 8-1　选址问题符号说明

符号	定义
N	所有需求点的序号集合，$N=\{1, 2, \cdots, n\}$
C_i	需求点 i 的需求量，$i \in N$
m	配送中心的个数
s	配送中心的辐射半径
M_i	到需求点 i 的距离小于 s 的备选配送中心集合，$i \in N$，$M_i \in N$
d_{ij}	需求点 i 到配送中心 j 的距离
Q	配送车辆的最大载重量
φ	单位燃油碳排放系数
γ	单位碳排放价格
P*	车辆满载时单位距离燃油消耗量
P0	车辆空载时单位距离燃油消耗量
y_j	0-1 变量，当其为 1 时，当 j 点被选为当前区域的物流配送中心时 $y_j=1$，否则 $y_j=0$
z_{ij}	0-1 变量，表示用户和配送中心的服务需求分配关系，当需求点 i 的需求量由配送中心 j 供应时 $z_{ij}=1$，否则 $z_{ij}=0$

二、路径优化问题符号说明

表8-2 路径优化问题符号说明

符号	定义
N	所有需求点的序号集合，N={0, 1···, n}，其中 0 表示配送中心，其余节点表示需求点
K	所有车辆集合，K={l, 2,···, n}
F	表示派遣一辆车的固定成本
C_{ij}	i 点到 j 点的单位运输费率
q_i	需求点 i 的需求量
Q	配送车辆的最大载重量
[ET，LT]	配送中心的左右时间窗
[a_i，b_i]	需求点 i 的左右时间窗
d_{ij}	需求点 i 到配送中心 j 的距离
W_{ik}	车辆 k 到达需求点 i 的时间
S_i	需求点 i 的服务时间
T_{ijk}	车辆 k 由需求点 i 驶向需求点 j 的行程时间
φ	单位燃油碳排放系数
γ	单位碳排放价格
P*	车辆满载时单位距离燃油消耗量
P0	车辆空载时单位距离燃油消耗量
β	超载惩罚系数
r	超时惩罚系数
SD	需求点集合的任意子集合
|SD|	集合 S 中的需求点数量
x_{ijk}	0-1 变量，当第 k 辆车从 i 点经过 j 点时 xijk=1，否则 xijk=0

第四节　数学模型构建

一、选址问题模型构建

1. 运输成本（此处默认运输费率都为 1）：

$$C_1 = \sum_{i \in N} \sum_{j \in M_i} C_i d_{ij} z_{ij}$$
　　　　式（8-1）

2. 碳排放成本：本章采用"负载估计法"来计算车辆燃油消耗，P^* 表示车辆满载时单位距离燃油消耗量，P_0 表示车辆空载时单位距离燃油消耗量，那么车辆载重量为 C_i 时从配送中心到点 $_j$ 的燃油消耗量就可以表示为：

$$p_{ij} = [P_0 + C_i(P^* - P_0) / Q]d_{ij}$$
　　　　式（8-2）

ϕ 表示单位燃油碳排放系数，Υ 表示单位碳排放价格，那么运输过程中的碳排放成本为：

$$C_2 = \gamma \alpha \sum_{i \in N} \sum_{j \in N} P_{ij} z_{ij}$$
　　　　式（8-3）

综上所述，以运输成本和碳排放成本最小为优化目标构建配送中心选址模型如下：

$$minC = C_1 + C_2$$
　　　　式（8-4）

$$s.t.$$

$$\sum_{j \in M_i} z_{ij} = 1, i \in N$$
　　　　式（8-5）

$$\sum_{j \in M_i} y_j = m$$
　　　　式（8-6）

$$z_{ij} \leqslant y_j, i \in N, j \in M_i \qquad \text{式（8-7）}$$

$$d_{ij} \leqslant s \qquad \text{式（8-8）}$$

$$y_j \in \{0,1\}, j \in M_i \qquad \text{式（8-9）}$$

$$z_{ij} \in \{0,1\}, i \in N, j \in M_i \qquad \text{式（8-10）}$$

目标式（8-4）表示选址总运输成本和碳排放成本之和最小。约束条件式（8-5）表示一个需求点仅由一个配送中心服务；约束条件式（8-6）表示配送中心数量约束；约束条件式（8-7）表示仅建立了配送中心的地点才能为需求点提供服务。约束条件式（8-8）表示配送中心的服务距离；约束条件式（8-9）和式（8-10）表示相关决策变量。

二、路径优化问题模型构建

1. 车辆派遣成本：

$$C_1 = \sum_{k \in K} \sum_{j \in N} F x_{0jk} \qquad \text{式（8-11）}$$

2. 运输成本：

$$C_2 = \sum_{i \in N} \sum_{j \in N} \sum_{k \in K} c_{ij} x_{ijk} d_{ij} \qquad \text{式（8-12）}$$

3. 碳排放成本（计算方法同选址问题中碳排放成本计算）：

$$C_3 = \gamma \alpha \sum_{i \in N} \sum_{j \in N} \sum_{k \in K} P_{ij} x_{ijk} \qquad \text{式（8-13）}$$

4. 超载惩罚成本：

$$C_4 = \beta \max \left\{ \sum_{i \in N} (q_i y_{ik} - Q), 0 \right\} \qquad \text{式（8-14）}$$

5. 配送时间超时惩罚成本：

$$C_5 = r \max \left\{ \sum_{i \in N} \sum_{k \in K} (W_{ik} - b_i), 0 \right\} \qquad 式（8-15）$$

综上所述，以总配送成本和碳排放成本之和最小为优化目标构建配送中心路径优化模型如下：

$$\min C = C_1 + C_2 + C_3 + C_4 + C_5 \qquad 式（8-16）$$

s.t.

$$\sum_{k \in K} \sum_{i \in N} x_{ijk} = 1, j \in N, i \neq j \qquad 式（8-17）$$

$$\sum_{k \in K} \sum_{j \in N} x_{ijk} = 1, i \in N, i \neq j \qquad 式（8-18）$$

$$\sum_{j \in N} x_{ijk} - \sum_{j \in N} x_{jik} = 0, i \in N, k \in K \qquad 式（8-19）$$

$$\sum_{j \in N} \sum_{k \in K} x_{0jk} = \sum_{i \in N} \sum_{k \in K} x_{i0k} \qquad 式（8-20）$$

$$\sum_{k \in K} \sum_{i \in N} d_i x_{ijk} \leq Q \qquad 式（8-21）$$

$$\max(a_i, w_{ik}) + s_i + T_{ijk} \leq LT \qquad 式（8-22）$$

$$E \leq w_{ik} \leq L, \forall k \in K, \forall i \in \{0, n+1\} \qquad 式（8-23）$$

$$\sum_{i \in N} \sum_{j \in N} \sum_{k \in K} x_{ijk} \leq |SD| - 1, SD \in N \qquad 式（8-24）$$

$$x_{ijk} \in \{0, 1\}, \forall k \in K, \forall (i, j) \in N \qquad 式（8-25）$$

目标式（8-16）为优化目标，表示总成本最小，这里默认单位距离运输费率为1。约束条件式（8-17）至式（8-19）限制每个需求点只能被分配到一条路径，即只能由一辆车服务一次；约束条件式（8-20）表示所有配送车辆完成配送任务后必须返回配送中心，出发车辆数与返回车辆数相等；约束条件式（8-21）表示车辆载重量不能超过最大载重量；约束条件式（8-22）为时间窗约束，到达需求点的时间点不能大于该点的时间窗；约束条件式（8-23）表示配送车辆返回配送中心的时间窗限制；约束条件式（8-24）用于消除不包含配送中心的子回路；约束条件式（8-25）表示相关决策变量。

第五节　选址问题研究方法

在选址问题上，本研究采用免疫优化算法和遗传算法对冷链物流配送中心进行选址求解，并进行对比分析，以期求得较优的选址方案。

其中，免疫优化算法和遗传算法的主要步骤如图 8-1 和图 8-2 所示，这两种算法结构大致相同，都是初始种群产生→评价标准计算→种群间个体信息交换→新总群产生，本质上都具有并行性。免疫算法源于生物免疫系统的基本机制，是一种具有生成加检测的迭代过程的群智能搜索算法。遗传算法则是使用群体搜索技术，将种群代表一组解，通过对当前种群施加选择、交叉和变异等一系列遗传操作来产生新一代种群，并逐步使种群进化到包含近似最优解的状态。

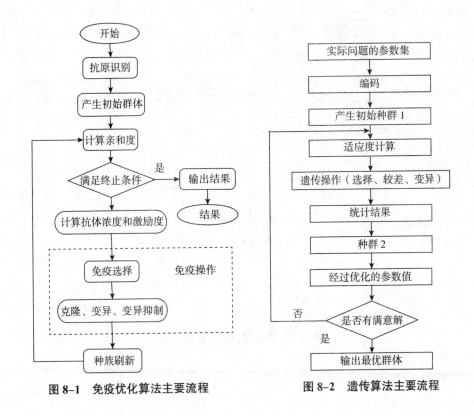

图 8-1　免疫优化算法主要流程　　　　图 8-2　遗传算法主要流程

第六节　路径优化问题研究方法

在路径优化问题上，本研究采用模拟退火算法对其中两个配送中心进行路径优化，以期证实所构建的模型及编写的算法程序的稳定有效性。模拟退火算法是通过赋予搜索过程一种时变且最终趋于零的概率突跳性，从而可有效避免陷入局部极小并最终趋于全局最优的串行结构的优化算法。其中，模拟退火算法的主要步骤如图 8-3 所示。

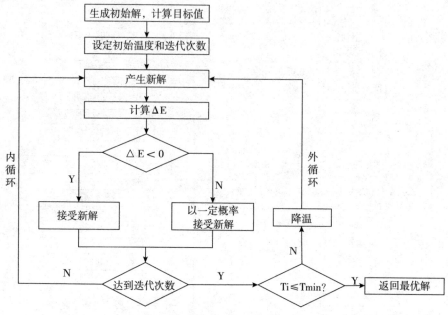

图8-3 模拟退火算法主要流程

第七节 算例分析

一、算例构造

本研究以浙江省北部地区冷链物流作为研究对象,将浙江省北部各区域的经纬度乘100转化为平面坐标,并根据各地区的人口、经济水平和企业竞争状况构造了各地区需求量。对于时间窗的设置,由于在路径优化问题中只选择了两个配送中心进行优化,故只设定了部分地区的时间窗,具体数据如表8-3所示。

表 8-3 算例信息表

地区	编号	坐标	人数	需求量（t）	服务时间窗（min）	服务时间（min）
富阳区	1	（11997，3005）	688075	3.38	[0，1236]	0
上城区	2	（12018，3025）	319039	1.57	[572，910]	30
下城区	3	（12019，3029）	423678	2.08	[279，487]	42
江干区	4	（12021，3026）	641610	3.16	[667，983]	63
拱墅区	5	（12015，3032）	396799	1.95	[548，743]	39
西湖区	6	（12014，3027）	768457	3.78	[378，696]	76
滨江区	7	（12022，3021）	278241	1.37	[165，302]	27
萧山区	8	（12027，3019）	1348413	6.63	[249，912]	133
余杭区	9	（12031，3042）	1161786	5.71	[241，812]	114
柯桥区	10	（12045，3008）	688003	3.38	[557，895]	68
诸暨市	11	（12025，2971）	1084321	5.33	[84，617]	107
桐庐县	12	（11970，2980）	418803	2.06	[621，827]	41
鄞州区	13	（12156，2982）	930518	4.58	[0，1236]	0
海曙区	14	（12156，2987）	633478	3.12	[170，486]	66
江北区	15	（12156，2989）	262756	1.29	[255，384]	27
奉化区	16	（12141，2966）	480597	2.36	[534，770]	50
象山县	17	（12188，2948）	546628	2.69	[357，626]	56
宁海县	18	（12144，2929）	633918	3.12	[384，696]	66
普陀区	19	（12233，2998）	315794	1.55	[475，630]	33
北仑区	20	（12185，2990）	429661	2.11	[99，310]	44
定海区	21	（12211，3003）	399382	1.96	[179，375]	41
镇海区	22	（12172，2995）	271619	1.34	[278，412]	28
岱山县	23	（12223，3027）	176425	0.87	[10，97]	18
嵊泗县	24	（12246，3073）	74389	0.37	[914，951]	8
淳安县	25	（11905，2961）	458669	2.26	—	—
建德市	26	（11929，2948）	510697	2.51	—	—
德清县	27	（11998，3055）	443083	2.18	—	—
长兴县	28	（11992，3103）	637302	3.13	—	—
安吉县	29	（11969，3064）	472175	2.32	—	—
越城区	30	（12059，3000）	769054	3.78	—	—
临安区	31	（11973，3024）	539473	2.65	—	—

（续表）

地区	编号	坐标	人数	需求量（t）	服务时间窗（min）	服务时间（min）
余姚市	32	（12116，3004）	835927	4.11	—	—
慈溪市	33	（12127，3018）	1059605	5.21	—	—
南湖区	34	（12079，3075）	526576	2.59	—	—
秀洲区	35	（12072，3077）	411807	2.03	—	—
嘉善县	36	（12093，3084）	405272	1.99	—	—
海盐县	37	（12095，3053）	382882	1.88	—	—
海宁市	38	（12069，3052）	702549	3.46	—	—
平湖市	39	（12102，3068）	503225	2.47	—	—
桐乡市	40	（12057，3064）	704676	3.47	—	—
吴兴区	41	（12019，3086）	632730	3.11	—	—
南浔区	42	（12042，3086）	490408	2.41	—	—
上虞区	43	（12087，3004）	779448	3.83	—	—
新昌县	44	（12091，2951）	433707	2.13	—	—
嵊州市	45	（12084，2957）	724124	3.56	—	—

二、参数设置

（一）选址问题参数设置

在选址问题上，本研究采用免疫优化算法和遗传算法进行求解，并通过多次调整各参数来确定两算法的参数设置，表8-4截取了部分调整过程，具体的参数设置如表8-5所示。在参数设定中，车辆满载时单位距离燃油消耗量设为 $P^*=2L/km$，车辆空载时单位距离燃油消耗量设为 $P0=1L/km$，单位燃油碳排放系数单位碳排放价格 φ 参考《省级温室气体清单编制指南》，设为 φ=2.61kg/L。参考2019年广东、北京、深圳、上海等交易所的碳权交易均价，设单位碳排放价格 γ=0.1 元 /kg。

表 8-4 选址问题参数调整

遗传算法			免疫算法		
名称	参数值	总成本	名称	参数值	总成本
种群规模	80	123730.0000	种群规模	60	210630.0000
	100	124957.0000		80	203220.0000
	120	125430.0000		100	215630.0000
交叉概率	0.7	124012.0000	交叉概率	0.6	215030.0000
	0.8	123850.0000		0.7	207640.0000
	0.9	124623.0000		0.8	211700.0000
变异概率	0.01	123680.0000	变异概率	0.01	217640.0000
	0.05	122291.0000		0.05	203220.0000
	0.1	123344.0000		0.1	213360.0000
多样性评价参数	0.85	124084.0000	—		
	0.90	122541.0000			
	0.95	124107.0000			

表 8-5 选址问题参数设置

名称	免疫优化算法	遗传算法
种群规模	100	80
记忆库容量	20	—
迭代次数	100	100
交叉概率	0.8	0.7
变异概率	0.05	0.05
多样性评价参数	0.90	—
单位燃油碳排放系数	2.61	
单位碳排放价格系数	0.1	
车辆空载时单位距离燃油消耗量	1	
车辆满载时单位距离燃油消耗量	2	
车辆最大载重量	10	

（二）路径优化问题参数设置

在路径优化问题上，本研究采用模拟退火算法进行求解，并对相关参数进行调整，表 8-6 展示的是部分参数的调整，最后参数设置如表 8-7 所示。其中，碳排放相关系数设置同选址问题，且考虑到城市内生鲜物流配送的速度约为 45km/h，在代码中将其换算成 0.75km/min 作为配送车辆的速度。

表8-6　选址问题参数调整

模拟退火算法		
名称	参数值	总成本
初始温度	500	188377.4653
	1500	188377.4653
	2000	188377.4653
降温速率	0.95	188377.4653
	0.96	188377.4653
	0.97	188377.4653
选择逆转结构的概率	0.3	188377.4653
	0.4	188517.4653
	0.5	188377.4653
选择交换结构的概率	0.1	188517.4653
	0.2	188377.4653
	0.3	188517.4653

表8-7　路径优化问题参数

模拟退火算法	
名称	参数值
初始温度	1500
降温速率	0.95
内循环最大迭代次数	500
外循环最大迭代次数	2000
选择逆转结构的概率	0.3
选择交换结构的概率	0.2
超载惩罚系数	20
超时惩罚系数	60
派遣一辆车的固定成本	200
车辆配送速度	0.75
单位燃油碳排放系数	2.61
单位碳排放价格系数	0.1
车辆空载时单位距离燃油消耗量	1
车辆满载时单位距离燃油消耗量	2
车辆最大载重量	10

三、求解结果与分析

（一）选址问题求解结果与分析

求解选址问题所采用的免疫优化算法及遗传算法使用 MATLAB2018b 软件编程实现，经过多次运算之后，结果如表 8-8，以及图 8-4 至图 8-7 所示。

表 8-8　选址问题求解结果

求解方法	配送中心	需求点	目标函数值
免疫优化算法	临安区	长兴县、吴兴区、德清县、安吉县、淳安县、建德市	127640.0000
	海盐县	南浔区、桐乡市、秀洲区、南湖区、嘉善县、平湖市、海宁市	
	鄞州区	海曙区、江北区、奉化区、宁海县、象山县、普陀区、北仑区、定海区、镇海区、岱山县、嵊泗县	
	余姚市	慈溪市、越城区、上虞区、嵊州市、新昌县	
	富阳区	桐庐县、诸暨市、柯桥区、萧山区、滨江区、江干区、上城区、下城区、拱墅区、西湖区、余杭区	
遗传算法	余杭区	吴兴区、长兴县、德清县、安吉县、临安区、江干区、滨江区、拱墅区、西湖区、上城区、下城区	206390.0000
	慈溪市	余姚市、嵊泗县、岱山县、普陀区、定海区、北仑区、镇海区、江北区、海曙区、鄞州区、象山县、奉化区、宁海县	
	柯桥区	越城区、萧山区、富阳区、诸暨市、桐庐县、建德市、淳安县	
	南湖区	秀洲区、嘉善县、平湖市、海盐县、海宁市、桐乡市、南浔区	
	上虞区	嵊州市、新昌县	

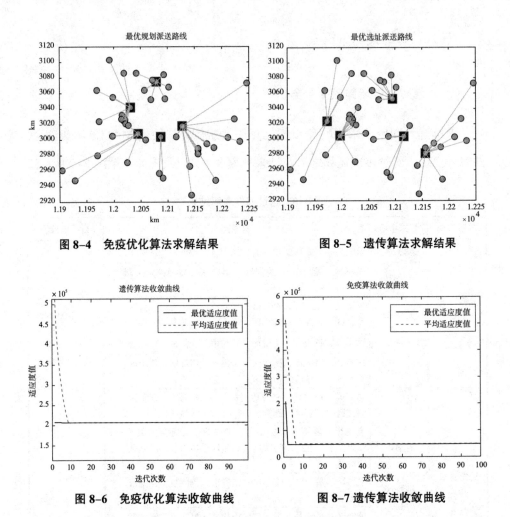

图 8-4　免疫优化算法求解结果　　　　图 8-5　遗传算法求解结果

图 8-6　免疫优化算法收敛曲线　　　图 8-7 遗传算法收敛曲线

　　通过上述两种方法的求解结果可知，采用免疫优化算法所得出的配送中心选址成本较小，且免疫优化算法得出的选址结果相对更合理。免疫优化算法在寻优过程中能够通过一定机制来维持解的多样性以保证全局复杂性，进而保证全局最优解的获取。本研究利用免疫优化算法和遗传算法进行配送中心选址的结果，对实际选址问题的解决有一定的参考价值。

（二）路径优化问题求解结果与分析

此处选取了富阳区和鄞州区两个配送中心进行路径优化，采用模拟退火算法使用 MATLAB2018b 软件编程实现。计算结果如表 8-9，以及图 8-8 至图 8-11 所示。

表 8-9 路径优化问题求解结果

求解方法	配送中心	路径	车辆数	目标函数值
模拟退火算法	富阳区	富阳区→诸暨市→江干区→上城区→柯桥区→富阳区	3	51052.9243
		富阳区→下城区→拱野区→西湖区→余杭区→滨江区→富阳区		
		富阳区→桐庐县→萧山区→富阳区		
	鄞州区	鄞州区→岱山县→北仑区→镇海区→定海区→普陀区→嵊泗县→鄞州区	2	1658.6821
		鄞州区→海曙区→江北区→象山县→宁海县→奉化区→鄞州区		

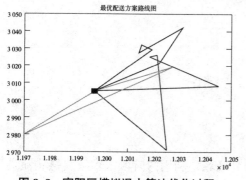

图 8-8 富阳区模拟退火算法优化过程

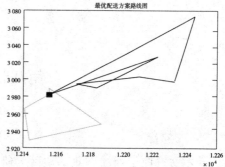

图 8-9 鄞州区模拟退火算法优化过程

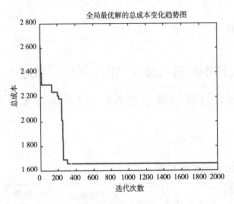

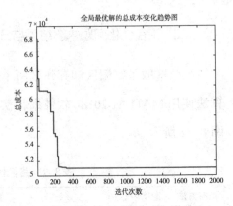

图 8-10　富阳区模拟退火算法优化过程　　　　**图 8-11　鄞州区模拟退火算法优化过程**

通过求解结果可知，模拟退火算法求得满意解的耗时较短，这与算例包含的需求点数目不多且加上了硬时间窗约束，大幅度缩小了解的范围有关。总体来说，模拟退火算法具有较好的寻优能力，所求解的两个配送路径都符合实际情况，证实了本研究所设计的模型和算法的有效性，对实际路径优化问题的解决有一定参考价值。

第八节　结论

本文选取了浙江省北部地区为研究区域，利用两阶段法求解冷链物流选址和路径优化问题。最通过以上的研究分析可得出如下结论：

1.在配送中心选址问题上，以运输成本和碳排放成本最小化为目标，免疫优化算法的求解结果优于遗传算法，最终在浙江省北部地区选择了富阳区、鄞州区、余姚市、海盐县、临安区五个需求点作为配送中心的选址地。

2.在路径优化问题上，针对富阳区和鄞州区所负责的需求点进行路径优化。研究发现，模拟退火算法在解决 VRPTW（车辆路径问题）这类 NP-hard（非确定性多项式）问题中具有较好的寻优能力，能够求解出符合实际情况的配送路径，证实了模型的有效性，对解决冷链物流企业实际问题具有一定参考性。

3. 单位碳排放价格系数在一定范围内会影响免疫优化算法对选址问题的求解结果，增加单位碳排放价格，能够起到一定的碳排放约束作用；单位碳排放价格系数、超载惩罚成本系数和超时惩罚成本系数在一定范围内也会影响模拟退火法对路径优化问题的求解结果，通过设置较大的相关系数能够起到很好的约束作用，对于实际优化模型的参数设置具有一定启示。

后续可以通过扩大研究区域和数据量来进一步验证模型的稳定性，使模型能够真正被用于解决冷链物流企业实际选址及路径问题。

附 录

附表1 2009—2020 年福建省物流发展评价情况汇总

年份	铁路里程（公里）	公路里程（公里）	邮政营业网点（个）	民用载货汽车拥有量（万辆）	货运量（万吨）	货物周转量（亿吨/公里）	快递业务量（万件）	物流业增加值（亿元）	物流业就业人数（万人）
2009	0.21	8.95	1763.00	38.46	58163.00	2471.30	6960.61	653.49	19.06
2010	0.21	9.1	2256.00	45.11	66083.00	2976.70	10069.00	670.33	19.54
2011	0.21	9.23	2067.00	51.77	75191.00	3396.80	15764.86	659.33	21.59
2012	0.23	9.47	3177.00	57.49	84345.00	3871.40	25593.84	694.52	18.64
2013	0.27	9.95	4275.00	62.36	96674.00	3939.61	44535.75	718.52	24.35
2014	0.28	10.12	4341.00	66.48	111757.00	4780.22	65417.31	754.86	24.04
2015	0.32	10.46	6467.00	65.5	111041.00	5447.49	88786.20	817.76	24.50
2016	0.32	10.68	7418.00	64.43	120352.00	6070.59	128985.77	856.80	23.40
2017	0.32	10.8	9308.00	68.35	132227.00	6779.76	166110.69	895.58	23.92
2018	0.35	10.89	10255.00	74.77	136947.00	7646.24	211613.44	891.8	23.04
2019	0.35	10.98	8902.00	79.32	134419.00	8292.13	261951.28	943.76	22.87
2020	0.38	11.01	8365.00	85.47	140698.00	9014.32	343189.82	992.65	22.76

附表2　2009—2020年福建省新型城镇化发展评价情况汇总

年份	城镇人口占总人口比重（%）	城镇人口密度（人/平方公里）	人均GDP（元）	第二产业占GDP比重（%）	第三产业占GDP比重（%）	城镇居民人均可支配收入（元）	每万人拥有公共交通车辆（标台）	每万人拥有公共厕所（座）	每千人口医疗卫生机构床位（张）	每十万人高等学校在校学生数（人）	人均城市道路面积（平方米）	城市建成区占市区面积比例（%）
2009	0.55	2193.00	33999.00	0.49	0.42	18023.00	11.51	1753.00	31.85	2039.00	12.58	0.21
2010	0.57	2290.00	40773.00	0.51	0.40	19914.00	10.32	2640.00	32.00	2144.00	12.58	0.24
2011	0.57	2306.00	48341.00	0.52	0.40	22772.00	11.86	2920.00	34.98	2200.00	13.46	0.25
2012	0.58	2388.00	54073.00	0.52	0.40	25650.00	12.16	2890.00	37.17	2301.00	14.13	0.27
2013	0.59	2570.00	59835.00	0.52	0.40	28174.00	12.65	3078.00	41.37	2435.00	13.40	0.29
2014	0.60	2627.00	65810.00	0.53	0.40	30722.00	13.33	3113.00	43.30	2513.00	13.61	0.31
2015	0.60	2704.00	70162.00	0.51	0.42	33275.00	14.44	3185.00	45.07	2508.00	13.80	0.32
2016	0.61	2758.00	76778.00	0.50	0.43	36014.00	15.26	2629.00	45.11	2438.00	14.41	0.33
2017	0.62	2854.00	86943.00	0.48	0.45	39001.00	15.85	3924.00	46.63	2352.00	17.41	0.34
2018	0.63	3238.00	98542.00	0.49	0.45	42121.00	15.28	4824.00	48.84	2355.00	20.59	0.39
2019	0.64	3193.00	106966.00	0.47	0.46	45620.00	14.85	5517.00	50.90	2577.00	21.37	0.39
2020	0.69	3545.00	105818.00	0.46	0.47	47160.00	14.18	6344.00	52.20	2866.00	18.83	0.42

附表 3　2009—2020 年福建省环境发展评价情况汇总

年份	森林覆盖率（%）	建成区绿化覆盖率（%）	人均公园绿地面积（平方米/人）	工业废水排放量（万吨）	工业二氧化硫排放量（万吨）	工业烟（粉）尘排放量（万吨）	一般工业固体废物综合利用率(%)	城市污水处理率(%)	生活垃圾无害化处理率（%）
2009	66.00	39.70	10.51	142746.99	41.97	22.73	98.38	97.15	92.50
2010	66.00	41.00	10.99	124168.00	40.91	24.00	98.19	95.20	92.00
2011	66.00	41.40	11.72	177186.00	38.92	22.53	99.32	93.60	94.60
2012	66.00	42.00	12.10	106319.00	37.13	25.26	102.93	92.20	96.40
2013	66.00	42.80	12.57	104658.00	36.10	25.94	103.33	91.30	98.20
2014	66.80	42.80	12.76	102052.00	35.60	36.79	103.33	89.50	97.90
2015	66.80	43.00	12.98	90741.00	33.79	34.17	99.31	88.70	99.20
2016	66.80	43.30	13.08	68793.00	24.16	23.79	100.70	87.30	98.40
2017	66.80	43.70	14.13	132710.27	11.95	17.02	100.77	85.60	99.40
2018	66.80	44.30	14.62	135689.11	10.85	41.06	101.28	85.30	99.90
2019	66.80	44.50	15.03	138667.94	12.54	29.03	89.29	84.40	99.90
2020	66.80	44.60	14.94	109609.74	7.88	32.31	97.68	80.31	100.00

附表 4　2009—2020 年广东省物流发展评价情况汇总

年份	铁路里程（公里）	公路里程（公里）	邮政营业网点（个）	民用载货汽车拥有量（万辆）	货运量（万吨）	货物周转量（亿吨/公里）	快递业务量（万件）	物流业增加值（亿元）	物流业就业人数（万人）
2009	0.25	18.50	5245.00	133.24	169653.00	4769.70	42206.51	1248.45	62.33
2010	0.27	19.01	8526.00	147.53	192343.00	5711.40	59107.50	1355.66	64.92
2011	0.28	19.07	6552.00	159.92	224394.00	6905.00	75689.66	1463.14	71.70
2012	0.28	19.49	10910.00	169.86	256077.00	9566.20	133770.49	1639.83	61.80
2013	0.35	20.29	14020.00	178.89	349011.00	9228.55	210670.28	1728.06	83.31
2014	0.40	21.21	14476.00	181.81	343491.00	14801.03	335555.90	1900.38	85.40
2015	0.40	21.60	22018.00	174.90	339225.00	14882.21	501335.16	2002.04	82.79
2016	0.42	21.81	21602.00	183.02	366839.00	21801.65	767241.56	2115.46	81.13
2017	0.42	21.96	24234.00	196.00	392381.00	27919.79	1013468.00	2244.49	83.33
2018	0.45	21.77	25111.00	217.91	416389.00	28338.33	1296195.66	2334.74	86.41
2019	0.47	22.03	30019.00	237.50	358397.00	27373.67	1680594.05	2495.78	82.58
2020	0.49	22.19	32335.00	259.49	344578.00	27211.12	2208179.50	2413.92	83.09

附表 5 2009—2020 年广东省新型城镇化发展评价情况汇总

年份	城镇人口占总人口比重（%）	城镇人口密度（人/平方公里）	人均GDP（元）	第二产业占GDP比重（%）	第三产业占GDP比重（%）	城镇居民人均可支配收入（元）	每万人拥有公共交通车辆（标台）	每万人拥有公共厕所（座）	每千人口医疗卫生机构床位（张）	每十万人高等学校在校学生数（人）	人均城市道路面积（平方米）	城市建成区占市区面积比例（%）
2009	0.63	2402.00	39418.00	0.49	0.46	19432.00	10.43	8922.00	32.49	1952.00	12.63	0.25
2010	0.66	2428.00	44669.00	0.50	0.45	21332.00	9.53	9067.00	35.20	2037.00	12.69	0.25
2011	0.65	2637.00	50676.00	0.49	0.46	24010.00	12.90	9558.00	37.63	1978.00	12.51	0.27
2012	0.65	2927.00	54038.00	0.48	0.47	26981.00	13.42	9648.00	33.54	2082.00	13.42	0.31
2013	0.64	3066.00	58860.00	0.47	0.48	29537.00	13.08	9631.00	35.55	2199.00	13.11	0.32
2014	0.63	2999.00	63809.00	0.47	0.49	32148.00	13.28	9666.00	37.84	2356.00	13.20	0.32
2015	0.64	3060.00	69283.00	0.45	0.50	34757.00	13.52	9769.00	40.16	2434.00	13.60	0.33
2016	0.64	3193.00	75213.00	0.43	0.53	37684.00	14.20	10634.00	42.29	2431.00	13.05	0.34
2017	0.64	3253.00	82686.00	0.42	0.54	40975.00	15.30	10582.00	44.06	2454.00	12.86	0.35
2018	0.65	3469.00	88781.00	0.41	0.55	44341.00	12.74	10812.00	45.56	2542.00	13.39	0.36
2019	0.66	3859.00	94448.00	0.40	0.56	48118.00	11.93	11497.00	47.32	2751.00	13.60	0.40
2020	0.74	3909.00	88210.00	0.39	0.56	50257.00	11.85	12288.00	44.80	3175.00	13.26	0.40

附表6　2009—2020年广东省环境发展评价情况汇总

年份	森林覆盖率（%）	建成区绿化覆盖率（%）	人均公园绿地面积（平方米/人）	工业废水排放量（万吨）	工业二氧化硫排放量（万吨）	工业烟（粉）尘排放量（万吨）	一般工业固体废物综合利用率（%）	城市污水处理率（%）	生活垃圾无害化处理率（%）
2009	51.30	40.80	12.27	188843.89	107.05	35.33	91.00	97.66	65.50
2010	51.30	41.30	13.29	187031.00	105.05	35.76	92.93	96.70	72.10
2011	51.30	41.10	14.35	178626.00	84.77	32.43	90.86	94.80	72.10
2012	51.30	41.20	15.82	186126.00	79.92	32.83	91.91	94.48	79.10
2013	51.30	41.50	15.94	170463.00	76.19	35.40	86.40	94.00	84.60
2014	53.50	41.40	16.28	177554.00	73.01	44.95	89.74	93.70	86.40
2015	53.50	41.40	17.40	161455.00	67.83	34.78	92.66	91.40	91.60
2016	53.50	42.40	17.87	109362.00	25.56	28.17	82.07	92.15	96.20
2017	53.50	43.50	18.24	197278.72	18.73	26.08	84.67	88.33	98.00
2018	53.50	44.00	18.34	200342.51	15.10	59.36	82.68	79.11	99.90
2019	53.50	43.30	18.13	203406.30	12.04	54.45	89.12	73.10	100.00
2020	53.50	43.50	18.14	177340.75	11.69	46.92	84.06	71.50	99.90

附表 7　2009—2020 年海南省物流发展评价情况汇总

年份	铁路里程（公里）	公路里程（公里）	邮政业网点（个）	民用载货汽车拥有量（万辆）	货运量（万吨）	货物周转量（亿吨/公里）	快递业务量（万件）	物流业增加值（亿元）	物流业就业人数（万人）
2009	0.04	2.00	495.00	7.00	18393.00	792.50	429.45	71.80	4.73
2010	0.07	2.12	488.00	8.58	22445.00	681.20	953.47	75.57	4.78
2011	0.07	2.29	630.00	10.17	25115.00	953.47	1123.60	78.91	5.41
2012	0.07	2.43	685.00	11.12	26880.00	1368.50	1548.10	86.84	4.51
2013	0.07	2.49	878.00	12.14	17325.00	621.04	2226.86	92.59	5.44
2014	0.07	2.60	1109.00	13.02	23632.00	1488.11	2248.55	100.64	5.43
2015	0.10	2.69	1516.00	12.66	22287.00	1181.73	2953.04	118.17	6.53
2016	0.10	2.82	1740.00	13.35	136947.00	1060.75	4869.35	123.85	6.97
2017	0.10	3.07	1714.00	14.32	21351.00	864.26	5915.77	136.46	7.07
2018	0.10	3.50	1767.00	15.67	22040.00	875.83	7107.05	138.60	7.63
2019	0.10	3.81	1684.00	16.95	18456.00	1648.03	8143.41	154.24	7.29
2020	0.10	4.02	2109.00	18.62	20670.00	3683.00	11012.23	157.58	7.81

附表8 2009—2020年海南省新型城镇化发展评价情况汇总

年份	城镇人口占总人口比重（%）	城镇人口密度（人/平方公里）	人均GDP（元）	第二产业占GDP比重（%）	第三产业占GDP比重（%）	城镇居民人均可支配收入（元）	每万人拥有公共交通车辆（标台）	每万人拥有公共厕所（座）	每千人口医疗卫生机构床位（张）	每十万人高等学校在校学生数（人）	人均城市道路面积（平方米）	城市建成区占市区面积比例（%）
2009	0.63	2402.00	39418.00	0.49	0.46	19432.00	10.43	8922.00	25.56	1952.00	12.63	0.26
2010	0.66	2428.00	44669.00	0.50	0.45	21332.00	9.53	9067.00	35.20	2037.00	12.69	0.27
2011	0.65	2637.00	50676.00	0.49	0.46	24010.00	12.90	9558.00	37.63	1978.00	12.51	0.28
2012	0.65	2927.00	54038.00	0.48	0.47	26981.00	13.42	9648.00	33.54	2082.00	13.42	0.23
2013	0.64	3066.00	58860.00	0.47	0.48	29537.00	13.08	9631.00	35.55	2199.00	13.11	0.23
2014	0.63	2999.00	63809.00	0.47	0.49	32148.00	13.28	9666.00	37.84	2356.00	13.20	0.24
2015	0.64	3060.00	69283.00	0.45	0.50	34757.00	13.52	9769.00	40.16	2434.00	13.60	0.24
2016	0.64	3193.00	75213.00	0.43	0.53	37684.00	14.20	10634.00	42.29	2431.00	13.05	0.22
2017	0.64	3253.00	82686.00	0.42	0.54	40975.00	15.30	10582.00	44.06	2454.00	12.86	0.22
2018	0.65	3469.00	88781.00	0.41	0.55	44341.00	12.74	10812.00	45.56	2542.00	13.39	0.26
2019	0.66	3859.00	94448.00	0.40	0.56	48118.00	11.93	11497.00	47.32	2751.00	13.60	0.26
2020	0.74	3909.00	88210.00	0.39	0.56	50257.00	11.85	12288.00	44.80	3175.00	13.26	0.27

附表9　2009—2020年海南省环境发展评价情况汇总

年份	森林覆盖率（%）	建成区绿化覆盖率（%）	人均公园绿地面积（平方米/人）	工业废水排放量（万吨）	工业二氧化硫排放量（万吨）	工业烟（粉）尘排放量（万吨）	一般工业固体废物综合利用率（%）	城市污水处理率（%）	生活垃圾无害化处理率（%）
2009	55.40	41.90	9.96	7031.30	2.20	1.66	98.93	98.68	65.00
2010	55.40	42.60	11.22	5782.00	2.88	1.31	98.22	93.70	68.00
2011	55.40	41.80	12.51	6820.00	3.26	1.58	95.12	89.20	91.40
2012	55.40	41.20	12.01	7465.00	3.41	1.66	96.33	86.79	99.90
2013	55.40	42.10	12.47	6744.00	3.24	1.80	97.92	77.00	99.90
2014	57.40	41.30	13.01	7956.00	3.26	2.32	100.00	74.24	99.80
2015	57.40	37.70	12.96	6879.00	3.23	2.04	100.00	71.42	99.80
2016	57.40	40.30	12.02	6579.00	1.34	2.08	96.50	74.95	99.90
2017	57.40	40.10	12.16	6727.75	0.97	2.09	88.62	75.32	100.00
2018	57.40	40.60	10.23	6705.25	0.81	1.56	85.87	73.14	100.00
2019	57.40	41.70	10.57	6682.75	0.69	2.35	88.93	54.90	100.00
2020	57.40	40.60	11.62	6850.34	0.59	2.24	88.78	58.43	100.00

附表10 2009—2020年上海市物流发展评价情况汇总

年份	铁路里程（公里）	公路里程（公里）	邮政营业网点（个）	民用载货汽车拥有量（万辆）	货运量（万吨）	货物周转量（亿吨/公里）	快递业务量（万件）	物流业增加值（亿元）	物流业就业人数（万人）
2009	0.03	1.17	2374.00	22.19	256077.00	14372.60	34178.35	539.64	37.15
2010	0.04	1.20	4210.00	23.81	349011.00	18918.20	24318.90	685.79	37.87
2011	0.05	1.21	5078.00	24.83	343491.00	20309.60	40914.91	688.35	43.37
2012	0.05	1.25	3792.00	20.73	339225.00	20373.40	59905.25	722.29	37.95
2013	0.05	1.26	4569.00	20.14	366839.00	14332.71	95012.45	748.54	49.16
2014	0.05	1.29	4480.00	19.56	392381.00	18633.36	128366.11	825.35	51.37
2015	0.05	1.32	7796.00	19.49	416389.00	19495.88	170777.96	895.15	51.45
2016	0.05	1.33	7629.00	21.86	358397.00	19317.76	260274.43	944.66	51.08
2017	0.05	1.33	16374.00	30.81	18393.00	24998.71	311503.70	1009.53	51.14
2018	0.05	1.31	4716.00	32.87	22455.00	28299.85	348648.80	1153.28	50.58
2019	0.05	1.30	5503.00	33.07	25115.00	30324.90	313326.08	1183.20	50.43
2020	0.05	1.29	5919.00	31.79	26880.00	32795.00	336330.67	1121.89	47.75

附表 11　2009—2020 年上海市新型城镇化发展评价情况汇总

年份	城镇人口占总人口比重（%）	城镇人口密度（人/平方公里）	人均 GDP（元）	第二产业占 GDP 比重（%）	第三产业占 GDP 比重（%）	城镇居民人均可支配收入（元）	每万人拥有公共交通车辆（标台）	每万人拥有公共厕所（座）	每千人口医疗卫生机构床位（张）	每十万人高等学校在校学生数（人）	人均城市道路面积（平方米）	城市建成区占市区面积比例（%）
2009	0.89	3030.00	72363.00	0.39	0.60	29461.00	12.76	5663.00	61.21	4393.00	4.48	0.16
2010	0.89	3630.00	79396.00	0.42	0.58	32584.00	8.82	6026.00	74.40	4300.00	4.04	0.16
2011	0.89	3702.00	86061.00	0.41	0.59	37079.00	11.79	5768.00	75.48	3556.00	4.04	0.16
2012	0.89	3754.00	90127.00	0.38	0.61	41130.00	11.91	6340.00	46.12	3481.00	4.08	0.16
2013	0.88	3809.00	96773.00	0.36	0.64	44878.00	12.11	6223.00	47.33	3421.00	4.11	0.16
2014	0.88	3826.00	104402.00	0.34	0.65	48841.00	11.97	6168.00	48.44	3348.00	4.11	0.16
2015	0.86	3809.00	111081.00	0.31	0.68	52962.00	12.36	6197.00	50.85	3330.00	4.27	0.16
2016	0.86	3816.00	123628.00	0.29	0.71	57692.00	12.70	6220.00	53.37	3327.00	4.37	0.16
2017	0.86	3814.00	136109.00	0.29	0.71	62596.00	13.94	6221.00	55.67	3498.00	4.51	0.16
2018	0.86	3823.00	148744.00	0.29	0.71	68034.00	9.04	6061.00	57.36	3517.00	4.58	0.20
2019	0.86	3830.00	156587.00	0.27	0.73	73615.00	9.29	6225.00	60.32	3582.00	4.72	0.20
2020	0.89	3830.00	155768.00	0.27	0.73	76437.00	9.21	5676.00	61.20	3722.00	4.76	0.20

附表 12　2009—2020 年上海市环境发展评价情况汇总

年份	森林覆盖率（%）	建成区绿化覆盖率（%）	人均公园绿地面积（平方米/人）	工业废水排放量（万吨）	工业二氧化硫排放量（万吨）	工业烟（粉）尘排放量（万吨）	一般工业固体废物综合利用率（%）	城市污水处理率（%）	生活垃圾无害化处理率（%）
2009	10.70	38.81	8.02	41192.03	37.89	4.48	95.53	89.00	78.80
2010	10.70	38.20	6.97	36696.00	35.81	5.15	95.67	83.30	81.90
2011	10.70	38.20	7.01	44626.00	24.01	8.98	96.16	84.42	61.00
2012	10.70	38.30	7.08	46359.00	22.82	8.71	96.56	91.29	83.60
2013	10.70	38.40	7.10	45426.00	21.58	8.09	97.34	87.12	90.60
2014	14.00	38.40	7.33	43939.00	18.81	14.17	97.12	89.72	100.00
2015	14.00	38.50	7.62	46939.00	17.08	12.07	97.51	92.85	100.00
2016	14.00	38.60	7.83	36599.00	6.50	7.95	96.15	94.30	100.00
2017	14.00	39.10	8.19	28331.13	1.38	4.70	95.68	94.50	100.00
2018	14.00	36.20	8.49	25670.86	1.11	1.62	94.00	95.20	100.00
2019	14.00	36.80	8.73	34138.00	0.75	8.48	93.05	96.30	100.00
2020	14.00	37.30	9.05	31105.33	0.54	7.43	91.65	96.68	100.00

附表 13　2009—2020 年浙江省物流发展评价情况汇总

年份	铁路里程（公里）	公路里程（公里）	邮政营业网点（个）	民用载货汽车拥有量（万辆）	货运量（万吨）	货物周转量（亿吨·公里）	快递业务量（万件）	物流业增加值（亿元）	物流业就业人数（万人）
2009	0.17	10.70	2792.00	76.65	151566.00	5659.90	14764.71	735.98	30.51
2010	0.18	11.02	3734.00	87.29	171038.00	7117.10	24898.20	826.56	32.08
2011	0.18	11.18	3755.00	97.00	186376.00	8634.90	49660.84	863.88	34.72
2012	0.18	11.36	5305.00	105.02	191817.00	9183.40	81986.75	919.19	29.36
2013	0.20	11.54	7035.00	112.36	188679.00	8951.22	141952.82	972.03	31.37
2014	0.23	11.64	7499.00	111.56	194250.00	9539.70	245744.79	1036.87	32.69
2015	0.26	11.80	11959.00	104.00	201231.00	9869.72	383145.91	1115.85	31.96
2016	0.26	11.91	11948.00	112.87	215558.00	9789.33	598770.04	1182.81	31.53
2017	0.26	12.01	26487.00	124.53	242504.00	10106.23	793231.11	1247.19	31.78
2018	0.28	12.07	25861.00	136.78	269083.00	11538.14	1011050.65	1283.11	30.11
2019	0.28	12.18	27381.00	147.47	289011.00	12391.92	1326252.08	1359.96	31.23
2020	0.32	12.31	25229.00	161.41	300276.00	12324.24	1794621.13	1417.64	35.23

附表14 2009—2020年浙江省新型城镇化发展评价情况汇总

年份	城镇人口占总人口比重（%）	城镇人口密度（人/平方公里）	人均GDP（元）	第二产业占GDP比重（%）	第三产业占GDP比重（%）	城镇居民人均可支配收入（元）	每万人拥有公共交通车（标台）	每万人拥有公共厕所（座）	每千人口医疗卫生机构床位（张）	每十万人高等学校在校学生数（人）	人均城市道路面积（平方米）	城市建成区占市区面积比例（%）
2009	0.58	1742.00	43543.00	0.52	0.43	24148.00	13.70	7802.00	34.81	2303.00	16.03	0.20
2010	0.62	1773.00	51110.00	0.52	0.44	26802.00	11.87	7287.00	38.80	2285.00	16.70	0.21
2011	0.61	1741.00	58398.00	0.51	0.44	30340.00	13.55	7673.00	40.73	2218.00	17.53	0.21
2012	0.61	1786.00	62856.00	0.50	0.46	33846.00	13.96	7852.00	38.94	2288.00	17.88	0.22
2013	0.61	1818.00	68036.00	0.49	0.47	37080.00	14.64	7962.00	41.84	2363.00	17.83	0.22
2014	0.61	1828.00	72730.00	0.49	0.47	40393.00	15.46	8026.00	44.62	2408.00	18.40	0.22
2015	0.61	1914.00	78768.00	0.47	0.49	43714.00	15.99	8199.00	49.20	2414.00	18.12	0.23
2016	0.62	2059.00	84921.00	0.46	0.50	47237.00	16.27	8145.00	51.86	2355.00	17.73	0.24
2017	0.62	2109.00	93186.00	0.44	0.52	51261.00	16.93	7883.00	55.42	2345.00	17.28	0.24
2018	0.63	2137.00	101813.00	0.44	0.53	55574.00	16.10	8075.00	57.88	2370.00	18.05	0.25
2019	0.64	2064.00	107814.00	0.42	0.55	60182.00	16.42	7744.00	59.86	2509.00	19.02	0.24
2020	0.72	2105.00	100620.00	0.41	0.56	62699.00	14.75	8631.00	56.00	2704.00	19.08	0.23

附表15 2009—2020年浙江省环境发展评价情况汇总

年份	森林覆盖率（%）	建成区绿化覆盖率（%）	人均公园绿地面积（平方米/人）	工业废水排放量（万吨）	工业二氧化硫排放量（万吨）	工业烟（粉）尘排放量（万吨）	一般工业固体废物综合利用率（%）	城市污水处理率（%）	生活垃圾无害化处理率（%）
2009	59.10	38.20	10.76	203441.71	70.13	34.81	91.55	97.69	97.60
2010	59.10	38.30	11.05	217426.00	67.83	30.46	82.07	97.00	98.30
2011	59.10	38.40	11.77	182240.00	66.20	32.33	91.07	95.80	96.40
2012	59.10	39.90	12.47	175416.00	62.58	25.40	90.45	94.98	99.00
2013	59.10	40.30	12.44	163674.00	59.34	31.97	93.24	93.89	99.40
2014	59.40	40.80	12.90	149380.00	57.40	37.97	92.75	91.95	100.00
2015	59.40	40.60	13.19	147353.00	53.78	33.02	92.55	90.68	99.20
2016	59.40	41.00	13.17	129913.00	13.33	18.23	89.34	89.28	100.00
2017	59.40	40.40	13.32	188840.17	11.18	15.34	89.85	87.50	100.00
2018	59.40	41.20	13.73	191246.61	8.69	26.37	92.11	85.09	100.00
2019	59.40	41.50	14.03	193653.05	7.78	43.80	93.80	82.74	100.00
2020	59.40	42.20	13.59	163442.83	5.15	28.03	99.02	78.90	100.00

参考文献

一、中文文献

（一）图书类

［1］王倩.循环经济与发展绿色物流研究［M］.北京：中国财富出版社，2011.

［2］J.卡布尔.产业经济学前沿问题［M］.北京：中国税务出版社，2000.

［3］吴玉萍，赵青莉，许梦琪.我国物流业绿色发展绩效与绿色创新能力研究［M］.长沙.中国经济出版社，2022.

［4］张永，鲍香台.低碳物流运作理论与方法［M］.北京：科学出版社，2017.

［5］张毅.中国物流运输业效率与政策研究［M］.北京：知识产权出版社，2017.

［6］陈强.高级计量经济学及 Stata 应用［M］.北京：高等教育出版社2014.

［7］仲昇.我国农产品物流业技术效率水平提升策略研究［M］.北京：经济管理出版社，2019.

［8］夏良杰.低碳供应链运营协调与优化［M］.北京：人民邮电出版社，2016.

［9］陈文玲.现代流通基础理论原创研究［M］.北京：经济科学出版社，2006.

（二）标准类

［10］中华人民共和国国家标准：物流术语（GB/T 18354-2001）［S］.北京：
中国国家标准化管理委员会，2001.

（三）期刊类

［11］赵晓敏，佟洁.基于 VAR 模型的中国物流业与经济发展互动关系研究
［J］.工业技术经济，2019，38（3）：123-130.

［12］刘承良，管明明.低碳约束下中国物流业效率的空间演化及影响因素
［J］.地理科学，2017，37（12）：1805-1814.

［13］柳键，涂建.中国产业结构调整对低碳物流效率的影响研究——基于超
效率 DEA 低碳物流效率评价模型的实证分析［J］.价格理论与实践，
2017，（12）：130-133.

［14］马越越，王维国.中国物流业碳排放特征及其影响因素分析—基于
LMDI 分解技术［J］.数学的实践与认识，2013，43（10）：31-41.

［15］成灶平，张小洪.农产品物流企业绿色物流关键影响因素实证研究［J］.
中国农业资源与区划，2020，41（5）：43-49.

［16］何景师，王术峰，徐兰.碳排放约束下我国三大湾区城市群绿色物流效
率及影响因素研究［J］.铁道运输与经济，2021，43（8）：30-36.

［17］张云宁，刘子琦，欧阳红祥，宋亮亮.低碳环境下区域物流产业效率综
合研究——基于长江大保护区域 19 个省的实证分析［J］.管理现代化，
2020，40（2）：33-40.

［18］王燕，刘婷.碳排放约束下我国区域物流能源效率及影响因素研究［J］.
生态经济，2018，34（10）：14-18+90.

［19］曹炳汝，孔泽云，邓莉娟.长江经济带省域物流效率及时空演化研究
［J］.地理科学，2019，39（12）：1841-1848.

［20］谢泗薪，陈亚蕊.绿色物流战略模式新探——基于产业需求驱动与高端
服务发展视角［J］.中国流通经济，2013，27（2）：34-38.

［21］刘承良，管明明．低碳约束下中国物流业效率的空间演化及影响因素［J］.地理科学，2017，37（12）：1805-1814.

［22］仇莉，牛林．绿色物流系外部经济性评价［J］.生态经济，2011，（8）：107-110.

［23］郭跃，张永新．电商绿色物流生态体系评价模型研究［J］.经济问题，2019（2）：48-57.

［24］臧新，陆俊杰．我国物流业能源效率的地区差异及影响因素［J］.北京交通大学学报，2018（3）：101-111

［25］陆欢．城镇化与物流业发展的时空耦合研究——以中国大陆31个省市区为例［J］.资源开发与市场，2018，34（3）：807-812.

［26］张立国，李东．中国物流业能源消耗、碳排放与行业发展关系分析［J］.科技管理研究，2015（24）：238-243.

［27］张诚，周安，张志坚．低碳经济下物流碳足迹动态预测研究——基于2004-2012年30省市面板数据［J］.科技管理研究，2015，35（24）：211-215.

［28］李娟，王琴梅．我国西部地区物流业发展质量及其影响因素研究——基于物流业效率视角［J］.北京工业大学学报（社会科学版），2020，20（2）：82-93.

［29］温永平．基于建构评估模式的煤炭绿色物流发展影响因素分析［J］.物流技术，2015，34（4）：120-122.

［30］生艳梅，孙丹，周永占，等．低碳视角下绿色供应链绩效评价指标体系构建［J］.辽宁工程技术大学学报（社会科学版）.2014，16（1）：25-27.

［31］钮尔轩，孟斌，沈思祎．基于云模型的港口企业绿色物流评价模型及实证研究［J］.大连海事大学学报，2017，43（2）：67-74.

［32］张于贤，黄鑫，韩文胜，程书瑞．基于熵权-灰色TOPSIS方法的农产品绿色物流发展评价研究及应用［J］.江苏农业科学，2018，46（16）：319-322.

［33］董文心，王英，张悦，等．基于DEMATEL-相关性分析和VIKOR-灰

色关联分析的供应链绩效评价模型研究 [J]. 科技管理研究, 2018, 38 (9): 191-197.

[34] 郭毓东, 徐亚纯, 郝祖涛. 基于 AHP 和熵值法的绿色物流发展指标权重研究——以长株潭两型社会城市群为例 [J]. 科技管理研究, 2013, 33 (18): 57-62.

[35] 潘文军. 基于循环经济理论的区域绿色物流发展评价体系分析 [J]. 北京交通大学学报 (社会科学版), 2010, 9 (3): 42-46.

[36] 王长琼. 物流业可持续发展评价指标体系初探 [J]. 经济管理, 2005, (1): 38-40.

[37] 吕程. 国内外物流研究现状、热点与趋势——文献计量与理论综述 [J]. 中国流通经济, 2017, 31 (12): 33-40.

[38] 刘畅. 我国发展绿色物流的对策研究 [J]. 物流技术, 2015, 34 (3): 77-79.

[39] 秦雯. 青海省物流效率及其影响因素的实证研究 [J]. 青海社会科学, 2016 (1): 99-104.

[40] 窦锦. 基于灰色关联度模型的甘肃物流需求影响因素分析研究——在"一带一路"背景下 [J]. 物流工程与管理, 2017, 39 (2): 47-50.

[41] 潘丹, 应瑞瑶. 中国农业生态效率评价方法与实证——基于非期望产出的 SBM 模型分析 [J]. 生态学报, 2013, 33 (12): 3837-3845.

[42] 章玲玲, 于倩雯. 物流服务能力评价的实证研究 [J]. 中国商论, 2017 (21): 5-6.

[43] 廖毅, 汤咏梅. 双循环新发展格局下现代物流业促进区域经济协调发展研究 [J]. 理论探讨, 2021 (1): 88-93.

[44] 王先庆. 新发展格局下现代流通体系建设的战略重心与政策选择——关于现代流通体系理论探索的新框架 [J]. 中国流通经济, 2020, 34 (11): 18-32.

[45] 蔡绍洪, 朱敏龄, 魏文云. 绿色物流产业组织模式及运行机制——以虚拟产业集群为研究视角 [J]. 商业经济研究, 2017 (6): 84-85.

[46] 刘战豫, 孙夏令, 薛金礼. 我国绿色物流发展面临的突出问题及应对策

略〔J〕.经济纵横,2018（5）:97–101.

〔47〕刘尧飞,沈杰.双循环格局下的供应链价值链绿色化转型研究〔J〕.青海社会科学,2020（6）:47–53.

〔48〕张瑞,孙夏令.中国省域物流业绿色全要素生产率的演进及溢出〔J〕.商业研究,2020（3）:29–38.

〔49〕张云宁,刘子琦,欧阳红祥,等.低碳环境下区域物流产业效率综合研究——基于长江大保护区域19个省的实证分析〔J〕.管理现代化,2020,40（2）:33–40.

〔50〕张晟义,陈明月.乌鲁木齐国际陆港物流效率评价及对策研究〔J〕.物流科技,2022,45（1）:28–34.

〔51〕张肖琳.绿色物流配送路径优化研究——以京东配送为例〔J〕.价格月刊,2020（8）:20–28.

〔52〕农官彬.低碳环境下我国绿色物流的发展路径〔J〕.环境工程,2021,39（6）:31–39.

〔53〕连捷.基于供应链管理的绿色物流发展路径探析〔J〕.商业经济研究,2021（9）:42–50.

〔54〕苏欣.绿色供应链视角下的我国物流企业创新发展路径探讨〔J〕.商业经济研究,2021（8）:55–63.

〔55〕成灶平,张小洪.农产品物流企业绿色物流关键影响因素实证研究〔J〕.中国农业资源与区划,2020,41（5）:67–75.

〔56〕蒋鹏.绿色物流发展的关键因素——基于辽宁省的实证研究〔J〕.生态经济,2018,34（7）:116–122.

〔57〕代冬芳.绿色物流发展的影响因素及对策建议〔J〕.价格月刊,2016(10):158–166.

〔58〕何景师.碳排放约束下我国三大湾区城市群绿色物流效率及影响因素研究〔J〕.铁道运输与经济,2021,43（8）:99–107.

〔59〕王昕天.国际物流绩效影响因素的作用机理〔J〕.技术经济,2015,34(1):89–94.

〔60〕廖娴.层次分析法在绿色物流中的应用〔J〕.中国市场,2017（15）:

257-259.

[61] 严世华.基于绿色物流绩效的灰色系统理论评价［J］.湖南科技大学学报，2010，13：97—99.

[62] 伍国勇，段豫川.论超循环经济——兼论生态经济、循环经济、低碳经济、绿色经济的异同［J］.农业现代化研究，2014，35（1）：5-10.

[63] 尹新.苏南地区绿色物流发展现状调研分析［J］.物流技术，2012，31（19）：51-53.

[64] 赵昆伦，唐建荣.物流业与城市化协同路径及驱动因素研究［J］.江淮论坛，2021（5）：57-64.

[65] 梁雯，王媛媛.基于 ECM 模型的安徽省新型城镇化水平对物流业发展影响研究［J］.物流科技，2014，37（9）：38-42.

[66] 梁雯，刘志秀，汪皖珍.中国新型城镇化与民生物流的协同发展研究——基于全国统一大市场建设视角［J］.东北农业大学学报（社会科学版），2022，20（4）：78-88.

[67] 温婷，张凡，张晓雪.长江经济带物流业集聚对新型城镇化的影响［J］.统计与决策，2021，37（20）：62-66.

[68] 肖圣，多玲花，邹自力.城镇化与水生态环境耦合协调时空演变及驱动因素——以长江中下游城市群为例［J］.上海国土资源，2022，43（3）：61-68.

[69] 庄婷婷.乡村旅游、新型城镇化与生态环境——基于乡村振兴战略的 PVAR 分析［J］.安徽农业大学学报（社会科学版），2021，30（5）：1-11.

[70] 李娟.广西物流业发展对生态经济影响的实证研究［J］.市场周刊，2020（6）：10-12.

[71] 邱慧，解瑞金，赵汶钰.山西省低碳物流产业发展影响因素分析［J］.运城学院学报，2022，40（1）：64-70.

[72] 李创.我国低碳物流发展现状与对策研究［J］.物流工程与管理，2018，40（2）：1-3.

[73] 李创，谢飞.我国低碳物流发展瓶颈及对策探析［J］.物流工程与管理，2016，38（10）：1-4.

[74] 熊杨, 王娟. 双碳政策下长江经济带物流业碳排放影响因素分析 [J].
物流工程与管理, 2022, 44 (10): 89-93.

[75] 孔令晓, 邵康. 环渤海地区物流业碳排放测算及影响因素 [J]. 洛阳理
工学院学报 (自然科学版), 2022, 32 (3): 6-10.

[76] 徐剑, 罗开清. 湖州市物流发展与生态环境系统耦合度研究 [J]. 农场
经济管理, 2020 (8): 48-52.

[77] 罗清, 崔广锋, 夏芮, 韩笑. 数字物流、经济增长与生态环境协调发展
[J]. 物流技术, 2022, 41 (10): 53-57.

[78] 梁雯, 方韬晖. 物流产业增长、城镇化与碳排放动态关系研究 [J]. 江
汉学术, 2019, 38 (4): 73-81.

[79] 陈达. 绿色物流管理浅议 [J]. 中国物资流通, 2001 (5): 9-10.

[80] 王长琼. 面向可持续发展的绿色物流管理 [J]. 科技进步与对策, 2002
(2): 12-13.

[81] 李振福. 物流文化与绿色物流 [J]. 中国流通经济, 2005 (2): 15-17.

[82] 张京敏, 周喆. 我国零售业物流体系发展研究 [J]. 商业时代, 2009 (16):
12-13.

[83] 王长琼. 绿色物流的内涵、特征及其战略价值研究 [J]. 中国流通经济,
2004, 18 (3): 12-14.

[84] 曾国平, 谢庆红. 绿色物流: 未来中国物流业的发展主流 [J]. 商贸经济,
2001 (11): 49-50.

[85] 刘春宇. 从环境角度谈绿色物流体系的构建 [J]. 天府新论, 2005 (B12):
104-105.

[86] 景保峰, 周霞, 胡爱媛. 基于随机前沿分析的上市物流公司技术效率评
价 [J]. 工业工程, 2012, 15 (2): 41-47.

[87] 褚衍昌, 沈洋, 连文浩. 基于 DEA-Malmquist 和 Tobit 模型的中国物流
企业效率研究——来自上市公司的经验证据 [J]. 数学的实践与认识,
2020, 50 (10): 95-105.

[88] 张晶, 蔡建峰. 我国物流业碳排放区域差异测度与分解 [J]. 中国流通
经济, 2014, 28 (8): 25-30.

（四）网址类

［89］福建省统计局.福建统计年鉴2009–2020.［EB/OL］.http：//tjj.fujian.
gov.cn/xxgk/ndsj

［90］浙江省统计局.浙江统计年鉴2009–2020.［EB/OL］.http：//tjj.zj.gov.cn/
col/col1525563/index.html

［91］广东省统计局.浙江统计年鉴2009–2020.［EB/OL］.http：//stats.gd.gov.
cn/gdtjnj/

［92］国家统计局.中国统计年鉴2009–2020.［EB/OL］.http：//www.stats.
gov.cn/tjsj/ndsj/

（五）论文类

［93］张林强.区域绿色物流绩效评价及影响因素分析［D］.南昌；江西财经
大学，2017.

［94］田洪燕.绿色物流绩效评价及其影响因素分析［D］.南昌；江西财经大
学，2018.

［95］宋丽娜.丝绸之路经济带我国沿线区域低碳物流效率差异研究［D］.郑
州；郑州大学，2018.

［96］于君涛.制造业低碳供应链的碳排放数量模型与绩效评价研究——基于
中国大型制造业碳排放限额视角［D］.天津：天津财经大学，2016.

［97］周泰.区域物流能力与区域经济协同发展研究［D］.成都：西南交通大
学管理科学与工程学院，2009.

［98］杨多多.商砕物流企业绿色管理的绩效评价研究［D］.长沙；中南林业
科技大学，2014.

［99］刘佩.福建省物流业碳排放驱动因素及碳排放结构变化研究［D］.厦门；
厦门大学，2014.

［100］孙小龙.北京市物流业碳排放及其影响因素研究［D］.北京；北京理
工大学，2016.

［101］王倩倩.基于系统动力学的吉林省物流行业碳足迹研究［D］.长春；吉林大学，2014.

［102］信金涛.物流业碳排放量驱动因素及碳排放强度研究［D］.南昌；南昌大学，2019.

［103］郑莉.湖南省绿色物流系统分析与发展对策研究［D］.长沙；中南林业科技大学，2016.

［104］田洪燕.绿色物流绩效评价及其影响因素分析［D］.南昌；江西财经大学，2018.

［105］张雪.我国绿色物流绩效及其影响因素研究［D］.北京；北京邮电大学，2019.

［106］王檠.长江经济带物流业绿色效率评价及对策研究［D］.淮南；安徽理工大学，2019.

［107］张雪.我国绿色物流绩效及其影响因素研究［D］.北京；北京邮电大学，2019.

［108］于冬妮.基于超效率 DEA-Tobit 模型的物流企业经营效率评价研究［D］.成都；成都理工大学，2015.

二、外文文献

（一）图书类

［1］MCKINNON A, BROWNE M, WHITEING A, et al.*Green Logistics:Improving the Environmental Sustainability of Logistics*［M］. 2015: Kogan Page Publishers.

（二）论文集类

［2］SHAHBARI L, OTHMAN M. Integrating Human Factors into Green Logistics ［C］.*International Conference on Industrial Engineering and Operations Management*, 2015.7（3）:50-60.

（三）期刊类

[3] DEKKERR, BLOEMHOFJ, MALLIDIS L. Operations Research for green logistics–An overview of aspects, issues, contributions and challenges [J]. *European Journal of Operational Research*, 2012, 219（3）:671–679.

[4] ARONSSON H, BRODIN M. The environmental impact of changing logistics structures [J]. *The International Journal of Logistics Management*, 2006.44（3）:96–-104.

[5] TAMLIS V, GUZAVICIUS A, ZALGIRYTE L. FACTORS INFLUENCING THE USE OF GREEN LOGISTICS: THEORETICAL IMPLICATIONS [J]. *Economics and Management*,2012, 17（2）:104–110.

[6] ZAMAN K, SHAMSUDDIN S. Green logistics and national scale economic indicators: Evidence from a panel of selected European countries [J]. *Journal of Cleaner Production*, 2016,143:51–63.

[7] ABARESHI A, MOLLA A. Greening logistics and its impact on environmental performance: an absorptive capacity perspective [J]. *International Journal of Logistics Research and Applications*,2013,16（3）:86–94

[8] MARTINSEN U, Björklund M.et al. Matches and gaps in the green logistics market [J]. *International Journal of Physical Distribution & Logistics Management*, 2012,42（6）:562–583

[9] TIAN T, CHEN Y. Research on Green Degree Evaluation of Manufacturing Reverse Logistics [J]. *American Journal of Industrial &Business Management*, 2014,4（2）:85–89.

[10] ABARESHI A, MOLLA A. Greening logistics and its impact on environmental performance: an absorptive capacity perspective [J]. *International Journal of Logistics Research and Applications*,2013,16（3）:86–94

[11] TIAN T, CHEN Y.Research on Green Degree Evaluation of Manufacturing Reverse Logistics [J]. *American Journal of Industrial &Business*

Management, 2014,4（2）:85–89.

［12］BOSONATG,GEBRESENBETG. Cluster building and logistics network integration of local food supply chain［J］. *Biosystems Engineering,*2011,108（4）:293–302

［13］REZAEI J, WILCO S, ROEKEL V, et al. Measuring the relative importance of the logistics performance index indicators using Best Worst Method［J］. *Transport Policy,*2018,68:158–169

［14］TIAN G D, ZHANG H H, FENG Y X, et al. Green decoration materials selection under interior environment characteristics: A grey–correlation based hybrid MCDM method［J］. *Renewable and Sustainable Energy Reviews,*2018,81:682—692.

［15］CHHETRI P, BUTCHER T, CORBITT B. Characterising spatial logistics employment clusters［J］. *International Journal of Physical Distribution & Logistics Management.* 2014, 44:221–242.

［16］WUY, NIWH.An empirical study on the efficiency of coupled development of new urbanization and logistics industry.［J］*.Bus. Eco. Res.* 2020, 15:98–101.

［17］WU H J,STEVEN C, DUNN. Environmentally Responsible Logistics Systems［J］. *International Journal of Physical Distribution and Logistics Management,* 1995, 25（2）:20.

［18］PAUL R, MURPHY, RICHARD F, POIST. Green Logistics Strategies: An Analysis of Usage Patterns［J］. *Transportation Journal,*2000,40（2）.

［19］UBEDA S, ARCELUS F J, FAULIN J. Green Logistics at Eroski: A case study［J］. *Int. J. Production Economies,* 2011, 131: 44–51.

后 记

　　围绕绿色物流效率的研究起因来自笔者参加中国物流学会年会的感悟。绿色物流作为物流研究的热点，推动着笔者向这个领域不断探索，比较幸运的是，笔者能够成为绿色物流科研小组的成员，与志同道合的朋友一起探索关于绿色物流的系列主题。从收集相关数据开始，笔者大量阅读国内外相关文献，找寻自己感兴趣的方向，不断向这个领域的专家学者进行请教。伴随着研究过程不断深入，对于绿色物流效率的研究逐渐成为自己的主要方向，慢慢地，开始在文献阅读和思考中，向这个方向聚焦，并形成一些思路。在研究期间，笔者通过发表论文，不断获得评审专家的修改意见，虽然投稿过程充满艰辛，但是每一次的修改，还是会让文章的质量更进一步。经历了多次拒稿后，心情难免沮丧，在不断地调整过程中，科研小组的小伙伴们给了笔者莫大支持，也让笔者在研究过程中更加耐心。

　　经过几年的科研积累和论文发表，笔者开始着手围绕海上丝绸之路经济带的绿色物流效率进行深入研究，选择这个主题的初衷是因为海上丝绸之路五省（市）都属于我国沿海省份，经济区位优势明显，经济发展较好，交通基础设施完善，都拥有得天独厚的港口物流体系，是推动21世纪海上丝绸之路重点方向的核心力量，也是推动绿色低碳物流体系融合，共建绿色丝绸之路的基石。从2020年着手编著书稿，其间因为某些原因，书稿的内容一再延迟，甚至曾产生放弃的想法，科研小组老师的关心和支持，让笔者最后坚持下来，这里特别感谢科研小组的同仁们在数据分析和方法选择过程中给笔者的指导，这些宝贵意见对书稿的完成起到重要作用。在本书即将付梓之际，笔者要感谢所有给予我帮助、支持和鼓励的恩师、领导、同事！感谢父母和家人的理解和鞭策！

虽然笔者在本书的写作中已经倾尽全力，但受限于个人学识和能力，著作的缺陷在所难免。书中的不足只能寄希望于日后的学术研究中不断完善。恳请学术界同人不吝赐教。